EBS 뉴스G

학교의 내일을 묻다

글로벌 뉴스로 읽는 세계와 오늘, 그리고 우리

EBS 뉴스G
학교의 내일을 묻다

EBS 뉴스G 제작팀 지음

EBS BOOKS

〈뉴스G〉는 세계를 통해
우리를 읽는 반사경이다

국가와 국가는 국경을 넘나들며 어제와 오늘, 그리고 내일까지 영향을 미친다.
전쟁과 질병, 경제와 빈부, 차별과 혐오…는
세계의 표정이 따로 또 같음을 다시 한 번 일깨운다.
마음의 장벽은 높아지고, 그 안에서 갈등과 희망으로 치닫는
세계의 사각지대를 비추며 오늘을 점검한다.

〈뉴스G〉는 지난 오늘들의
질서를 읽는 테마 도서관이다

역사는 반복된다. 어제의 소식이 오늘을 예언하고, 내일을 준비한다.
교육, 환경, 차별, 인권… 다양한 주제에 따라 마련된 세계의 소식을 통해
우리의 복잡다단한 현실에 가려진 문제를 파악하고, 내일을 설계한다.

〈뉴스G〉는 아이들이 주인공이 되는
내일을 약속하는 희망 뉴스이다

세계와 세계를 잇는 소식에 주인공은 없다.
뉴스는 그늘을 폭로하는 것이 아니라 빛을 제안하는 것이어야 한다.
체념을 단정하는 것이 아니라 희망을 북돋는 것이어야 한다.
가장 외진 곳에 숨죽인 약자의 목소리를 담아내는 것이야말로
세계의 목소리를 온전히 전달하는 최선의 방법이다.

학교의 내일을 묻다

세계는 내일을 향해 숨 가쁘게 흘러갑니다.

질주하는 세계의 열차 바깥에는 여전히 편승하지 못한 채 소외된 사람들이 있습니다. 코로나-19는 우리의 질주를 서행하게 만든 장애물이자 쉼표일지 모릅니다. 미처 살피지 못한 세계의 아픔을 들여다보라는. 하지만 감염병의 나날이 지속되면서 간이역에서 열차를 바라보는 사람은 물론 내쫓긴 사람들도 늘어났습니다. 전염병뿐만 아니라 전쟁, 인종, 차별, 빈부, 기후… 세계의 질병은 늘 취약한 사람을 공격했고, 끊임없이 우리에게 경고했습니다.

학교야말로 이 모든 인간과 지구의 문제가 축소된 세계입니다. 〈뉴스G〉가 다루는 모든 뉴스가 결국 '교육'으로 수렴될 수밖에 없는 까닭입니다. 아이들이 가장 오래 머무는 집인 학교, 아이들 삶의 거울이 되는 교사인 부모, 아이들의 미래를 책임지는 지역과 사회야말로 모든 세계를 구성하는 구심점입니다. 교육은 이 3개의 트라이앵글이 들려주는 세계의 메아리입니다.

세계의 축소판인 학교 역시 여러 질병의 징후가 만연합니다. 모든 아이에게 공정한 기회를 부여하는 학교가 부모의 경제력에 따라 차별의 공간으로 둔갑하고, 미래를 강조하는 교실은 네모난 공간, 좁은 책상과 의자의 일방적인 소통의 공간으로서 전혀 변하지 않고 있습니다.

하지만 〈뉴스G〉는 손쉬운 비평 대신 고된 희망의 이야기를 전달하려고 합니다. 당연하게 여겼던 학교의 이야기를 다시 한 번 되돌아보기 위해 수많은 세계의 목소리와 노력을 담아냅니다. 척박한 환경에서도 끈질기게 피어나는 교육의 미래를 통해 우리의 오늘이 과연 안녕한지, 질문합니다. G가 물음표를 닮은 까닭입니다.

학교를 바라보면 세계를 가슴 깊이 바라보는 안목이 넓어집니다. 학교의 흐름을 따라가다 보면 결국 그 모든 기저에 인간이 있음을 알 수 있습니다. 뉴스는 늘 소수의 성취에 주목했습니다. 하지만 세계는 이름 없는 수많은 사람들의 피와 땀, 소중한 일상이 모여 미래를 마련했습니다. 〈뉴스G〉는 혐오는 이해로, 차별은 포용으로, 소외는 관심으로 변하는 가장 작은 세계인 학교의 목격자이자 조력자이기를 바랍니다. 이 책이 다루는 주제로 '학교'를 제안하는 까닭입니다.

2부 **내일을 꿈꾸는 학교**

3부 아이들이 주인공이 되는 세계

교육, 오늘의 세계를 비추는 거울

우리가 처음 만나는 세계는 학교입니다.

가족이라는 울타리에서 벗어나 첫발을 내디디는 세계.

저마다 다른 환경에서 태어난 또래 아이들은 같은 공간에서 같은 가치를 배웁니다.

다양한 지식뿐만 아니라 나와 타인의 관계,

배려와 경쟁, 노력과 결실을 통해 조금씩 성장합니다.

학교는 항상 세계를 가늠하는 바로미터였습니다.

어떤 차별도 존재하지 않고, 세계는 질서롭다고 강조했던 학교.

하지만 학교는 점점 차별과 불공정한 기회, 계급의 축소판으로 돌변했다는

우려의 목소리가 커지고 있습니다.

기회는 불평등으로, 배려는 낙오로 둔갑한 세계, 학교.

우리는 지금 학교에서 어떤 세계를 배우고 있는 것일까요.

우리는 어떤 학교를 꿈꿀 수 있는 것일까요.

당신은 어떤 환경에서
공부했나요?

학교의 모든 과정과 목표가 입시에 달려 있는 게 현실입니다.
부모의 아낌없는 지원 아래 순조롭게 입시를 준비하는 학생이 있는가 하면
가정환경 때문에 홀로 고군분투해야 하는 학생도 많습니다.
이렇게 서로 다른 환경 속에서 치르는 경쟁이 '과연 공정할까'
그 의문에서 출발한 '역경 점수'가 미국 대학 입시 평가 방법에 도입됐습니다.
역경 점수, 여러분은 어떻게 생각하십니까?

2019. 07. 26

여덟 살부터 열아홉 살까지 아이들에게 학교는 또래와 함께 가장 오래 머무는 또 다른 집이자 똑같은 기회를 부여받고 미래를 준비하는 작은 세계입니다. 12년 동안 쉼 없이 이어지는 학교 생활, 그 통과의례의 마지막은 대학 입시입니다.

대학 입시는 누구도 차별받지 않고 공정한 기회를 부여받을 수 있도록 수많은 변화를 모색했습니다. 현재에도 내신 성적과 특기 적성 활동, 교사의 추천 등 마지막 관문을 열어주는 다양한 평가 기준이 존재합니다. 하지만 부모의 재력과 비례하는 정보력에 따라 아이들은 출발점부터 차별받고 있다는 안타까운 목소리가 끊이지 않습니다. 이러한 현실을 조금이라도 바꾸기 위해 미국 주요 대학에 새로운 평가 요소가 등장했습니다.

2018년, 예일 대학과 워싱턴 대학 등 미국 50개 대학이 신입

생 선발에 '역경 점수(Adversity Score)'라는 생소한 항목을 도입했습니다. 역경 점수는 수험생이 저마다 대학 입시를 치르기까지 헤쳐 나가야 했던 장애물을 평가합니다. 가정, 지역, 학교 환경을 반영해 아이의 잠재력과 진정한 실력을 가리는 '입시 장애물'로 인정한 지표는 15가지. 부모의 소득과 학력, 가족 형태, 살았던 지역의 범죄율과 주변 환경, 다녔던 학교의 전반전인 학력 수준과 입시 역량….

15개 항목을 점수로 환산한 역경 점수는 우리나라 수능 점수에 해당하는 SAT(Scholastic Aptitude Test, 대학입학 자격시험) 점수와 함께 각.대학에 제공됩니다. SAT를 주관하는 미국 대학위원회 '칼리지보드'는 대학 입시에서 중요한 역할을 하는 SAT 점수가 부모의 소득과 학력 등 학생을 둘러싼 사회·경제적 환경에 좌우되는 현실을 역경 점수로 보완하겠다고 밝혔습니다.

예일 대학 예레미아 퀸란(Jeremiah Quinlan) 입학처장은 〈월스트리트 저널〉과 가진 인터뷰에서 "역경 점수는 우리가 지원자를 평가하는 모든 과정에 영향을 미치고 있다."고 강조합니다. 칼리지보드 위원장 데이비드 콜먼(David Coleman) 또한 "부의 불평등이 SAT 성적에 반영되는 것을 더 이상 외면할 수 없다."고 피력합니다.

역경 점수는 2019년 대학 입시에서는 150개 대학, 2021년에는 대폭 확대할 계획이지만 반대 여론도 만만치 않습니다. 역경 점수가 입시 불평등을 줄일 수 없고, 입시 장애물에 해당하는

15개 항목과 관계없는 수험생을 되레 역차별할 수 있다는 우려입니다. 하지만 전문가들은 결함이 있더라도 자신과 무관한 장애물과 싸우며 입시를 준비한 수험생들을 무시해왔던 이전 기준보다 훨씬 나은 조치라고 말합니다. 스탠퍼드 대학 숀 리어돈(Sean Reardon) 교수는 그 모든 논란에 대해 이렇게 강조합니다. "역경 점수는 아무런 조치를 취하지 않는 것보다는 낫다."

입시 점수만으로는 판단할 수 없는 학생의 잠재력.
불우한 환경을 극복해내는 힘을 증명하는 역경 점수는
보이지 않는 차별과 장애물에 가로막혀 있던 대학의 문을
모든 아이들에게 공평하게 열어젖힐 수 있을까요?

18개 대학이 원한
홈리스 청소년 —2019. 03. 28

미국 뉴저지 주에 사는 열일곱 살 청소년 딜런 치딕(Dylan chidick)은 오랫동안 집 없이 지냈다. 보호소를 전전하며 살아온 딜런에게는 어떤 고난 속에서도 포기할 수 없는 목표 하나가 있었다.

"우리 집안에서 가장 먼저 대학에 간 사람이 되어야겠다는 각오가 있었죠."

일곱 살에 미혼모였던 어머니와 쌍둥이 동생과 함께 쿠바에서 건너온 딜런 앞에 놓인 현실은 거대한 장벽이나 마찬가지였다. 가족이 머물 집 한 칸 허락되지 않아 낮에는 생활비를 벌기 위해 아르바이트를 전전하고, 밤이면 공부할 장소를 찾기 위해 숱한 장소를 헤맸다. 넌 안 될 거야, 희망을 비웃는 말을 수없이 들었지만 딜런은 포기하지 않았고, 결국 18개 대학에서 입학 허가서를 받았다.

딜런의 이야기는 2019년 당시 미국 사회를 발칵 뒤집어놓은 대학 입시 비리와 극명한 대조를 이루며 큰 반향을 일으켰다. 수년간 상류층 부모들이 거액의 뇌물을 주고 자녀의 성적과 운동 이력을 조작해 명문 대학에 입학시킨 것으로 드러난 역대 최대 규모의 입시 비리. 비리에 연루된 한 입시 컨설턴트는 761명의 부정 입학을 도왔다고 폭로했다. 이러한 불공정한 현실 속에서 혼자 힘으로 대학 입시를 준비해온 딜런은 〈뉴욕타임스〉와 가진 인터뷰에서 이렇게 이야기했다.

"당신이 특권과 연줄 있는 사람들과 같은 목표를 달성하기 위해선 한층 더 열심히 노력해야 한다는 것을 의미합니다."

활짝 웃고 있는 딜런은 장래희망 난에 꼭 이루고 싶은 꿈 하나를 적었다.

관심 있는 직업 법률 및 공공정책 :
미국의 부패한 사법 제도를 바꾸는 데 도움이 되고 싶다.

지상 최대의 인간 연구,
교육 격차는 왜 생기는가?

교육 격차가 사회 격차로 이어진다는 우려가 깊어지고 있습니다.
태어날 때부터 정해지는 '계급 사다리'와
철옹성 같은 학교 서열화를 타개하기 위한 다양한 노력이 무색하게
'차별'은 교육 제도의 빈틈을 노려 더욱 깊이 뿌리내리고 있는 게 현실입니다.
영국에서는 이런 교육·사회 격차가 발생하는 원인을 밝히기 위해
70년 넘는 시간 동안 종단 연구가 진행되고 있다고 합니다.

2019. 07. 26

두 사람이 있습니다.

같은 해에 태어난 동갑내기이지만 두 사람은 어렸을 때부터
키와 성격, 학교 성적도 달랐습니다.

두 사람이 어른이 됐을 때 직업과 경제 여건은 더욱 확연히
달라졌습니다.

이들의 삶은 왜 달라졌을까요?

성공할 운명과 실패할 운명은 처음부터 타고나는 것일까요?

이 질문에 대한 답을 찾는 연구가 영국에서 70년 넘게 진행되
고 있습니다.

제2차 세계대전이 끝난 1946년.

영국 과학자들은 한 주 동안 태어난 1만 4,000명의 아이들을

찾았습니다. 그들은 산모가 임신 중에 매일 마신 우유 양부터
아이를 품었을 때 입었던 옷가지, 가족과 보낸 일상까지 출생과
관련한 내용을 기록했습니다. 이 조사는 한 번으로 그치지 않고
1958년과 1970년, 20년을 건너뛰어 1990년대와 2000년대 초반
까지 다섯 세대에 걸쳐 이어졌습니다. 삶을 기록한 아이들 수만
7만 명이 넘었습니다.

이 아이들의 설문 자료와 젖니, DNA 등 정보들을 추려 얻은
첫 번째 결과는 어려운 환경에서 태어난 아이들은 성인이 된 후
에도 성공하기 어렵고 건강하지 못할 가능성이 높다는 것이었
습니다. 과학자들은 이런 아이들에게 '실패할 운명'이라는 딱
지를 붙였습니다.

하지만 이 연구가 계속 진행되면서 또 다른 사실이 드러났습니다. 1970년에 태어난 1만 7,000명의 아이들을 관찰한 결과, 부모의 애정 어린 보살핌을 받은 아이들은 훌륭한 학생으로 자랐다는 것입니다. 다섯 살 때 매일 부모가 책을 읽어주고, 10대 때 부모가 관심을 기울인 아이는 30대 성인이 되었을 때 가난할 확률이 현저하게 낮아졌습니다.

처음 연구 대상이었던 아이들이 어느덧 일흔넷의 노인이 된 현재. 사회 불평등과 인간 성장의 상관관계를 밝혀낸 이 연구는 6,000편 이상의 논문과 40권의 학술서로 발표되었고 많은 국가 정책에 영향을 미쳤습니다. 하지만 계층 이동은 어떻게 이루어지는지, 타고난 격차를 극복할 방법과 개인과 사회가 해야 할 역할 등에 대해 70여 년이 지난 지금도 정답 찾기는 계속되고 있습니다.

이 종단 연구를 지켜봐온 영국 과학계 인사는
이렇게 강조합니다.
"아이가 자기 삶을 살아갈 수 있도록 응원하고
대화하는 게 부모로서 할 수 있는 가장 현명한 일이다."
아이들이 어떤 성인으로 자라날지 결정된 건
아직 아무것도 없습니다.
70년 넘는 종단 연구의 결말은 바로 지금 사회와 학교,
부모의 관심에 달려 있다고 말하는 오랜 질문이 아닐까요.

전 세계 5,800만 명의 아이들이 초등학교에 다니지 못한다 -2014.03.03

2018년 기준, 우리나라 6∼14세 취학률은 99.1퍼센트에 이른다. 일고여덟 살이 되면 대부분의 아이가 학교에 입학한다는 이야기이다. 그러나 너무 당연하게 여기는 초등교육을 전 세계 모든 어린이가 받을 수 있는 것은 아니다. 유네스코에서 발표한 〈새천년 개발 목표〉 보고서에 따르면 아프리카의 나이지리아, 에티오피아, 부르키나파소, 아시아에서는 인도와 필리핀, 파키스탄이 아이들 교육이 제대로 이뤄지지 않는 나라라는 오명을 얻었다.

이 보고서에서는 세계적으로 초등교육을 아예 받지 못하는 아동이 무려 5800만 명에 이르고 있으며, 현재 추세라면 전 세계 모든 어린이가 초등교육을 받을 수 있을 때까지 70년 이상이 걸릴 것이라고 전망한다. 현재 교육을 받지 못하는 10세 소녀가 80대 할머니가 될 때까지 초등교육을 못 받을 수도 있다는 말이다.

아이들이 초등학교조차 가지 못하는 이유는 다양하다. 분쟁 국가에 살고 있기 때문에, 가난하기 때문에, 종교적인 갈등 때문에, 남녀 차별이 심하기 때문에…. 이처럼 본인의 의지와는 상관없이 오늘도 많은 아이가 교문 근처에도 가지 못한 채 생계에 뛰어든다.

앞으로 전 세계 아이들이 초등교육이라도 받을 수 있으려면 지금보다 연간 약 28조 원 이상의 투자가 필요하다. 하지만 교육 부문 원조와 투자는 줄고 있고 심지어 부족한 원조조차 특정 국가에만 치우쳐 지원되는 상황이다. 전 세계 모든 아이들이 교육의 기회를 얻기까지 걸리는 시간, 70년. 이 긴 기다림을 줄일 수 있는 방법은 없는 것일까?

학교가 비싼 학용품을 금지한 까닭은?

똑같은 교복을 입은 아이들의 모습은 평등해 보입니다.
하지만 외투나 가방에서 드러나는 차이가
학습과 일상생활까지 영향을 미친다고 합니다.
학생과 학부모의 부담으로 논란이 된 고가의 패딩 점퍼.
영국에는 아예 값비싼 점퍼 차림으로 등교하는 걸 금지하는 학교도 생겼습니다.
우리뿐만 아니라 세계 여러 나라가 공통적으로 빠진 고민에 대해 알아봅니다.

2018. 12. 07

겨울이 시작된 등굣길. 유행하는 값비싼 겨울 점퍼를 금지한 학교가 있습니다. 이 학교에는 겉옷뿐만 아니라 고급 브랜드 책가방과 필통도 사용할 수 없습니다.

영국 윈터튼 초등학교는 모든 아이에게 평등한 학습권을 보장하기 위한 조치라고 강조합니다.

"모든 아이가 학교는 원하는 모든 것을 할 수 있는 평등한 곳이라고 믿게 만들어줄 것입니다."

영국 세인트 월프리드 초등학교도 값비싼 학용품을 가져오지 못하게 합니다.

"우리는 학교가 가난한 학생들에게 어떤 곳인지 살펴봤습니다. 왜 결석을 하고 학교에 오기 싫어하는지 말이죠."

수업시간에 값비싼 학용품을 사용하는 아이와 그렇지 못한 아이로 나뉜 교실. 이 학교들은 눈에 보이는 차이들이 가난한 아이들을 위축시키고 학습 의욕을 떨어뜨린다고 판단했습니다. 그러고는 모든 학생에게 똑같은 책가방, 필통, 물통을 지급하기로 결정했습니다.

아이들의 가정형편이 드러날 수 있는 특정한 질문을 금지하자는 주장도 교사들 사이에서 공감대를 얻고 있습니다. 이를테면 "주말에 가족과 무엇을 하고 지냈니?" 하는 질문입니다.

교사들만 앞장서서 이러한 주장을 펼치는 것은 아닙니다. 2016년, 학생들에게 15파운드, 우리 돈으로 3만 원 남짓한 저렴한 가방을 지급한 영국 한 고등학교는 아이들 스스로 협의를 거쳐 또 하나의 학교 규칙을 만들었습니다. 고가의 겨울 점

퍼 차림으로 등교하는 것을 금지한 것입니다. 금지 리스트에 오른 점퍼는 적게는 300파운드, 대개 600파운드를 훌쩍 넘는 제품들입니다.

영국 뉴캐슬 대학 연구진은 교사, 학생 등 학교 구성원 스스로 실천하는 노력들이 가난한 아이들이 교실에서 소외되는 것을 막고 학습에만 전념하도록 도와준다고 분석합니다. 영국에서는 가난이 학습 장애물이 되는 것을 막아야 한다고 다양한 방법을 모색하는 학교들이 초등학교부터 고등학교까지 100여 곳을 넘고 있습니다. 이른바 '빈곤 학생 소외 방지 프로젝트'는 교실은 누구에게나 모든 기회가 열려 있고 잠재력을 발휘할 수 있는 공간이라는 사실을 다시 한 번 일깨웁니다.

겨우 옷 한 벌인데… 똑같은 학용품이 오히려
아이들의 자유와 다양성은 침해하지 않을까….
비판의 목소리도 존재하지만 학교는
가난이 불러오는 조그만 차이도 외면할 수 없고,
아이들 모두를 보호하기 위한 선택이라고 강조합니다.
여러분은 어느 쪽 이야기에 더 귀 기울이시나요?

생일 선물 없는
생일 파티 -2018. 04. 04

아이들의 생일 파티에서 만약 선물이 빠지면 무슨 일이 벌어질까?

세계 여러 나라에서 선물을 주지도 받지도 않는 '파이버 파티(Fiver Party)'가 유행하고 있다. 파티에 초대된 아이들은 선물 상자 대신 현금 5달러가 든 봉투를 가져온다.

캐나다에 사는 간호사이자 세 아이의 엄마인 사라 슐츠(Sarah Schulz)는 자녀 친구들의 생일 선물을 구입하는 데 평균 25달러를 지출했다. 사라도 파이버 파티에 동참하면서 부모는 선물 고르는 스트레스를 덜 수 있고, 선물 포장 쓰레기도 사라져 환경에도 이로운 아이디어라고 소개한다. 또한 아이들은 선물로 받은 돈을 어떻게 쓸지 스스로 결정하면서 자립심을 기를 수 있다고 강조한다.

파이버 파티로 생일 파티를 연 블레이크는 자신을 위한 선물 대신 스스로 기부를 선택했다.

"선물 대신 5달러 2장을 받았어요. 5달러 하나는 나를 위한 것, 5달러는 어려운 사람을 위해 기부했답니다."

선물로 받은 돈 절반은 자신이 쓰고, 나머지 절반은 기부를 하는 50/50 파티, 즉 반/반 파티도 유행하고 있다. 평범한 생일이 초대된 모든 아이가 함께 기부하는 특별한 하루로 변신하는 것이다.

아이들의 생일 파티에 빠져서는 안 될 거라고 여겨졌던 선물. 그러나 선물이 빠진 생일 파티는 오히려 두고두고 기억되는 삶의 선물을 남기고 있다.

성적 없는 성적표는
가능할까?

교육을 변화시키기 위한 노력이 다각적으로 이루어지고 있습니다.
수업 방식과 교과서를 바꾸거나 교실이라는 공간을 바꾸기도 하는데요.
하지만 평가 방법은 여전히 그대로입니다.
미국에서는 '성적 없는 성적표'가 주목받고 있다고 합니다.
성적 대신 무엇을 표기하는지 함께 알아볼까요?

2019. 09. 27

여기, 우리에게 익숙한 성적표가 있습니다.

성적표 안에는 0~9까지 10개 숫자로 나눈 과목별 점수와 등수, 성취도가 적혀 있습니다. 학생이 단어와 문장을 얼마나 잘 암기했는지, 수학 문제를 얼마나 잘 푸는지 쉽게 파악할 수 있습니다. 하지만 학생 개개인이 어떤 생각을 하고, 어떤 역량이 잠재해 있는지 헤아릴 수 있는 기준은 없습니다. 이 성적표는 오직 점수로 등수로 줄 세우고, 경쟁으로 내모는 교육 현실을 고스란히 드러냅니다. 성적표 속에 표기되는 숫자를 위해 많은 학생이 고등학교 3년, 길게는 학창 시절 12년을 보냅니다.

여기, 또 다른 성적표가 있습니다. 그런데 이 성적표에는 성적이 없습니다.

조지프 스미스(Joseph Smith)라는 학생의 이 성적표에는 얼마나 창의적이고 비판적으로 생각하는지, 타인을 헤아리고 소통하는 능력은 어느 정도인지, 디지털 문해력과 국제적인 안목은 빼어난지 등이 표시돼 있습니다. 과목별 점수만을 나타내는 현재의 성적표가 학교 개혁과 학습을 방해한다고 생각한 스콧 루니(Scott Rooney) 교장이 고안한 성적표입니다.

개별 과목 대신 필요한 재능과 역량을 표시하고, 등급 대신 숙련도를 나타냅니다. 그리고 시험 점수는 학생의 학업 포트폴리오로 바꿉니다. 점수 대신 학생의 역량을 나타내는 이 성적표는 미국 내 100여 곳의 학교가 사용할 정도로 점점 가치를 인정받고 있습니다. 교육을 변화시키기 위해서는 그 변화를 제대로 평가할 수 있는 새로운 평가 제도가 필요하다고 인식하기 때문입니다.

"무엇인가를 변화시키려면 기존의 모델을
쓸모없게 만드는 새로운 모델을 세워야 한다."
20세기의 레오나르도 다빈치라고 불리는
미국의 건축가이자 발명가인 버크민스터 풀러
(Buckminster Fuller)의 말입니다.
대한민국 교육의 성적표는 지금 이대로 괜찮은 것일까요.
교육을 바꾸기 위해서는 평가 방법도 함께
변화해야 합니다. 성적표를 어떤 내용으로 채울지,
어떤 평가를 담아야 할지 고민이 필요한 시점입니다.

공부 잘하는 나라, 싱가포르의 고민 -2016. 12. 28

세계에서 가장 우수한 학생들, 세계 교육 랭킹 1위.

2015년 세계 72개국, 만 15세 학생 54만 명이 참가한 국제학업성취도 평가(PISA) 에서 과학, 수학 독해 능력 모두 1위를 차지하고, 초등학교 4학년과 중학교 2학년이 대상인 교육성취도 평가에서도 최고점을 받은 나라가 있다.

바로 싱가포르의 놀라운 학업 성적에 세계의 관심도 덩달아 커졌다. 특히 주목받은 것 은 싱가포르의 독창적인 수학 교과 과정이었다. 수학 문제를 시각화하는 훈련을 해 학 습 분량을 줄이고 한 가지 원리를 심도 있게 가르치는 '싱가포르 수학'. 이 과정을 본받 아 1년간 시범 도입했던 영국의 140개 초·중·고등학교에서는 수학 학습 능력이 향상 될 가능성을 보였다는 연구 결과도 나왔다.

그러나 싱가포르의 교육 성공이 뛰어난 교과 과정에서 비롯한 게 아니라는 분석도 뒤 따른다. 성공 뒤에 초등학생 10명 중 8명이 사교육을 받는 치열한 교육 현실이 존재하 기 때문이다. 싱가포르 교육 당국 역시 어린 시절부터 점수와 등수에 집착하는 현실을 우려한다. 등수보다는 노력이 더 중요하다는 동영상을 제작해 배포하는가 하면 2021 년부터는 학생들에게 과중한 스트레스를 주는 '초등학교 졸업시험'의 점수 시스템을 바 꾸겠다고 발표했다.

싱가포르의 리센룽(李顯龍) 총리는 부모의 과도한 교육열을 겨냥해 이런 메시지를 보 냈다.

"자녀들이 유년기를 보낼 수 있게 해주십시오. 과제가 없는 게 나쁜 건 아닙니다. 아 이들은 노는 게 좋습니다. 놀면서 배우기 때문입니다."

시험이 아이들을
평가할 수 있을까?

영국은 2020년부터 전국의 만 4세 아동 모두에게
학력평가시험을 실시하겠다고 해 논란이 일었습니다.
너무 어린 나이에 치르게 되는 시험. 많은 이들이 걱정하는 것은 무엇인지,
우리의 입시제도가 놓치고 있는 것은 무엇인지 함께 살펴봅니다.

2019. 05. 10 / 2019. 11. 28

태어나서 네 번째 맞이하는 해가 되면 친구는 더 소중해지고 매일 새로운 모험이 펼쳐집니다. 그런데 만 네 살 때 인생 최초의 학력 테스트에 응시해야 한다면 어떤 일이 벌어질까요.

초등학교 예비 과정에 입학하는 영국의 만 4세 아동 모두에게 시험은 현실이 될지도 모릅니다. 영국 정부가 2020년부터 만 4세 아동 전원을 대상으로 영어와 수학의 기초학력 평가를 실시하는 계획을 내놓았기 때문입니다. 평가는 교사와 학생 일대일로 약 20분간 치러지고, 교사는 학생의 점수를 태블릿 PC에 입력합니다. 이 평가 점수는 더 나은 교육 방향을 제시하는 데 활용할 예정입니다.

영국 정부는 아동에게 부담을 주지 않는 방식으로 시험을 치르겠다고 강조하지만 반대 여론이 압도했습니다. 너무 이른 나

이에 경험하는 시험과 평가는 오히려 학교생활이 두렵고 재미 없다는 선입견을 심어 학업 성취도가 더 떨어질 수 있다고 우려합니다. 시험을 치러야 하는 당사자인 네 살 아동들은 시험을 반대하는 선생님과 부모들과 함께 시가행진에도 참여했습니다. 하지만 영국 정부는 아동의 기초학력이 계속 떨어지고 있는 현실에서 평가가 꼭 필요하다고 강조합니다.

영국 반대편 호주의 수험생들은 10월과 11월에 우리나라의 수능에 해당하는 HSC(higher School Certificate, 고등학교 졸업 증서제도)를 치릅니다. 이 점수와 내신 성적으로 대학 입학 등급지수가 정해지기 때문에 점수가 발표될 즈음 SNS에서는 긴장하고 웃고 서로 축하해주는 모습을 담은 수많은 사진과 동영상이 공유됩니다.

대입을 향한 여정을 마무리한 다양한 표정 반대편에는 또 다른 시험을 준비하는 어린 학생들의 힘겨운 모습이 존재합니다.

호주 초등학생은 매년 5월 치러지는 NAPLAN(National Assess-ment Program Literacy And Numeracy, 전국학력평가)을 이 시기부터 준비해야 합니다. 평가 5~6개월 전부터 일주일에 한 번씩 학교에서 모의고사를 실시하기 때문입니다. 모의고사를 매일 치르는 학교도 7퍼센트나 됩니다. 학생들은 모의고사 압박감으로 불면증과 구토를 경험하고, 결석으로 이어지기도 합니다.

호주의 시험 제도는 영국에서 벤치마킹을 고려했을 정도로 잘 짜여졌다고 알려져 있는데요. 하지만 호주 학생들의 생각은 다릅니다. 학생들의 57퍼센트가 대입 시험 때문에 압박을 받고 있으며, 이 가운데 80퍼센트가 이 시험들이 자신들의 능력과 재능을 제대로 평가하지 못해 신뢰할 수 없다고 생각했습니다.

호주 전 교육부 장관인 아드리안 피콜리(Adrian Piccoli) 교수도 전국에서 일괄적으로 치러지는 시험들이 학생들의 극히 일부분만을 평가한다고 비판합니다. 교사들도 이 시험들이 가정 환경이 어려운 학생들에게 불리하게 작용한다고 지적합니다. 교육은 학생들이 대학에 진학하는 것뿐만 아니라 시민의 역할과 삶에 대해 준비할 수 있게 도와야 하지만, 학교가 '대학에 가기 위해 준비하는 곳'으로만 인식되게 한다는 것이죠.

너무 이른 나이에 국가적으로 치러지는 시험들.
교문을 나서도 집에 돌아가지 못하고 학원을 전전하며
편의점에서 끼니를 때우는 아이들.
우리는 아이들에게 너무 이른 내일의 목표를
일방적으로 강요하고 있는 게 아닐까요.

다시 시험 점수만으로
대학에 간다면? -2019. 09. 03

지금 입시제도가 과연 공정한지 논의가 커지면서 수험생 모두가 '대입 시험 점수' 하나의 기준만 충족하기 위해 노력했던 과거 입시제도로 돌아가자는 목소리도 덩달아 높아지고 있다. 학생부를 주된 전형자료로 하는 수시모집 비중이 70퍼센트 넘어선 시점에서 다시 시험 점수라는 단 하나의 기준만 남는다면 어떤 일이 벌어질까?

미국의 한 대학 연구진이 이에 대한 답을 내놓았다. SAT 점수 순서대로 신입생을 뽑으면 누가 가장 큰 혜택을 입는지 연구한 것이다. 연구진은 입시 점수만으로 신입생을 선발하면 미국 상위 200개 대학에서 저소득층과 유색인종 학생의 합격률이 지금보다 더 낮아진다고 분석했다. 입시 점수만으로 기존 신입생들의 비율을 재구성해본 결과, 하위 75퍼센트 가정 출신자는 40퍼센트에서 37퍼센트로 감소했다. 3퍼센트의 빈자리는 더 좋은 성적을 받은 소득 상위 25퍼센트 가정 출신자들로 채워진다는 것이다. 마찬가지로 백인 이외의 학생 합격 비율은 9퍼센트가량 감소했고, 백인 학생의 합격이 그만큼 더 늘어난다는 것이다. 단 하나의 기준, 시험 점수로만 신입생을 뽑으면 오히려 부유층과 기득권층 합격자가 더 많아진다는 것이다.

결국 다양한 입시 전형도 공정성을 담보하지 못하지만 점수만으로 신입생을 뽑는다면 불공정한 현실이 더 악화될 수 있다. 올해 초, 미국을 뒤흔든 부유층의 대규모 입시부정 사건 이후 시험 점수 외 다양한 교외 활동과 특기를 인정하는 입시제도는 부유층 자녀에게만 유리한 불공정한 제도라는 비판이 일었고, 모든 수험생을 표준화된 하나의 시험 성적만으로 평가하자는 여론도 등장했다. 보다 공정하기 위해 마련한 다양한 선택지 앞에서도 패배를 먼저 떠올릴 수밖에 없는 수험생들이 있는 한, 더 공정한 입시제도를 찾으려는 노력은 계속 이어질 수밖에 없다.

시험도 교칙도 없는 학교

시험도, 교복도, 교칙도 없고 수업도 일주일에 세 번만 하는 꿈의 학교가 있습니다.
영국의 남부 도시 바스에 있는 '그린 하우스' 교육 프로젝트 이야기입니다.
하지만 일부에서는 이런 교육 방식에 대한 우려의 목소리도 있습니다.
새로운 학교를 꿈꾸는 다양한 이야기를 만나봅니다.

2017. 07. 21

시험도, 교복도, 교칙도 없는 학교.

수업도 일주일에 세 번만 합니다. 학생이라면 누구나 꿈꿀 만한 이 학교에는 5세부터 14세까지 23명의 학생이 있는데요. 수업은 유목민의 전통 가옥인 '유르트'에서 이뤄집니다.

학생들은 장작이 타는 난로 앞에 동그랗게 앉아서 매일 스스로 선택한 주제를 발표하고, 함께 이야기하는 것으로 하루를 시작합니다. 주제는 발레, 히브리 전통, 야생동물 등 다양합니다. 또한 학생들은 이곳에서 정규 교육 대신 '문제를 해결하는 방법', '삶에서 열정을 찾는 방법', '타인과 공감하는 방법' 등을 배우고 요가나 명상 시간도 갖습니다.

날씨가 좋은 날이면 야외에서 자유로운 시간을 보냅니다. 나무 위에 오르기도 하고, 맨발로 뛰어놀기도 합니다. 비록 규율은 없지만 아이들은 안전을 지키고 놀이를 통해 협력하는 방법을 배웁니다.

영국의 남부 도시 바스에 있는 그린 하우스 교육 프로젝트의 한 학기 등록금은 1,250파운드, 우리 돈으로 약 183만 원입니다.

"아프리카에는 '우분투(Ubuntu)'라는 용어가 있습니다. '당신이 있기에 내가 있다'라는 말입니다. 우리는 모두 연결되어 있고 그 누구도 혼자가 아닙니다. 당신이 있기에 내가 존재하는 것이며, 우리는 서로 영향을 주고받습니다. 그린하우스에서 우리는 자신을 사랑하고 돌보는 방법, 가족과 이웃, 낯선 사람들과 함께 살아가는 방법, 나아가 지구를 돌보는 방법까지 배웁니다."

이 학교의 교사이자 멘토로 일하는 애나 로빈슨(Anna Robinson)은 아이들이 학교에서 행복하고 스트레스를 받지 않을 때에야 교육이 가능하다고 생각합니다. 그리고 그린 하우스는 영국 교육의 정책과 기준을 지키고 있으며 일반 학교와 홈스쿨링을 혼합한 새로운 프로젝트라고 말했습니다. 하지만 영국 교육 기준청은 그린 하우스가 법적으로 문제가 없는지 살펴볼 계획이라고 밝혀 귀추가 주목되고 있습니다.

책가방의 무게를
생각하다

자기 몸보다 큰 책가방을 메고 등교하는 초등학생을 본 적 있나요?
책가방을 들어보면 그 무게 또한 만만치 않습니다.
최근 책가방에 '무게 제한 규정'을 마련한 인도의 이야기를 통해
책가방의 무게를 생각해봅니다.

2015. 09. 23

인도의 한 초등학교에 저울이 등장했습니다.

아이들은 이 저울을 통과해야 수업을 들을 수 있습니다.

이 저울이 측정하는 무게는 무엇일까요?

왜 초등학교에 이 저울이 등장한 것일까요?

2012년, 인도 델리에서 초등학교 6학년 학생이 사망하는 사
고가 일어났습니다.

무려 13킬로그램이나 나가는 책가방을 메고 등교하는 아이가
몸의 균형을 잃고 난간에서 떨어지고 만 것입니다. 이후 인도에
서는 너무 무거운 책가방에 대한 논의가 계속되었습니다.

인도 학생들의 책가방 평균 무게는 8킬로그램. 때로는 자기
몸무게 절반이 넘는 책가방을 감당하기 일쑤였습니다. 결국

2015년 7월에 인도 서부 마하라슈트라주의 한 학교가 학년별로 책가방 무게를 제한하는 규정을 마련했습니다. 규정에 따르면 만 5~6세에 해당하는 초등학교 1~2학년의 책가방 무게는 2.5 킬로그램을 초과해서 안 되고, 3~4학년은 3킬로그램, 5~8학년은 4.2킬로그램, 만 13~16세인 9~12학년은 6킬로그램을 초과할 수 없습니다.

책가방 무게는 어떤 기준으로 책정된 것일까요?

각종 연구를 통해 권장되는 책가방의 적당한 무게는 아이들 몸무게의 10~15퍼센트입니다. 아이들 몸무게의 15퍼센트를 초과하는 책가방은 통증과 척추 변형을 불러일으킬 수 있습니다. 이로 인해 걸음걸이와 체형이 변하고 무게를 감당하지 못해 넘어지는 사고도 자주 발생합니다.

그렇다면 몸무게의 10~15퍼센트에 해당하는 적당한 무게의 책가방에 무엇을 넣을 수 있을까요?

몸무게가 20킬로그램인 초등학생에게 적당한 책가방 무게는 2~3킬로그램. 교과서 한 권 무게가 약 500~600그램이므로 3권 정도를 넣으면 무리가 없습니다.

이 가벼운 책가방이 과연
아이들의 현실이 될 수 있을까요?
아무리 무거운 책가방도 스스로 짊어지고
학교로 가는 아이들.
아이들이 짊어진 책가방의 무게는
미래의 꿈을 위해서 당연히 감당해야 할 무게일까요,
아니면 오히려 꿈꾸기를 방해하는 짐일까요.

아이에게 필요한
단 한 사람

좌절과 실패 앞에서 무너지는 사람이 있는가 하면
실패를 발판 삼아 더 높이 도약하는 사람도 있습니다.
이들의 차이점은 무엇일까요?
불우한 환경 속에서도 잘 자란 아이들의 비밀을 함께 만나봅니다.

2015. 08. 14

'잔디깎이 부모'라는 말을 들어보셨나요?

최근에 미국 명문대 학생들의 자살이 잇따르자 잔디깎이 부모의 양육 방식이 도마에 올랐습니다.

이 부모들은 자녀가 걸어야 할 삶의 길 위에 놓인 위험 요소와 장애물을 말끔하게 제거합니다. 잔디깎이 부모를 둔 아이들은 잡초나 돌멩이 하나 없고 성공만 존재하는 평평한 길을 걷게 되죠. 만약 잔디 깎는 기계로 제거하지 못한 역경과 마주치게 된다면 아이들은 역경을 스스로 잘 헤쳐 나갈 수 있을까요?

부모의 과도한 보호 속에서 성공만 경험하며 명문대에 진학한 학생들 반대편에는 온갖 좌절을 혼자 헤쳐 나가야 하는 아이들이 있습니다. 극심한 가난, 부모의 이혼, 알코올 중독과 정신

질환을 가진 부모…. 처지는 조금씩 다르지만 불우한 가정환경에서 태어난 201명의 아이들이 있습니다.

1955년, 하와이 카우아이 섬에서 833명의 아이가 태어났습니다. 그리고 갓 태어난 이 아이들을 대상으로 30년 넘는 연구가 시작되었습니다. 카우아이 섬 종단 연구로 불리는 대규모 심리학 실험이었습니다.

833명의 신생아 중 201명은 '고위험군'으로 분류된 가정환경 속에서 태어났습니다. 이 아이들은 어떤 사람으로 성장했을까요? 자신 앞에 놓인 불행을 잘 헤쳐 나갈 수 있었을까요? 연구진들은 고위험군에 속한 201명의 아이들이 대부분 사회 부적응자로 성장할 것이라고 가정했습니다.

그러나 예상은 빗나갔습니다. 201명 중 3분의 1에 해당하는 72명 때문이었습니다. 그들은 부모의 뒷바라지나 경제적 지원도 받지 못했지만 부유한 환경에서 자란 아이들보다 더 도덕적이며 성공적인 삶을 일구어냈습니다. 온갖 실패와 좌절을 경험하면서도 잘 자란 72명의 아이들은 무엇이 달랐을까요?

연구진은 72명 모두가 가진 하나의 공통점을 발견합니다. 그것은 아이들 주변에 있었던 '단 한 사람'의 존재였습니다. 아이들 주변에서 어김없이 발견된 존재는 어떤 상황에서도 믿어주고, 무조건적인 사랑을 베풀어주는 단 한 사람이었습니다. 의지할 수 없는 부모 대신 조부모나 친척, 때로는 마을 사람이나 성

직자, 선생님 등이 그 역할을 해주었습니다.

성공한 아이들 주변에서 발견된 그들의 수는 최소 한 명.

언제든 내 편이 되어주는 단 한 사람의 존재가 실패와 좌절
속에서도 다시 일어설 수 있는 회복력의 핵심이었던 것입니다.

잔디깎이 부모가 잔디 깎는 기계를 놓지 못하는 이유.
아이들의 그림자가 되는 것도 모자라 아이의 삶을
그늘로 뒤덮어버리는 부모의 지나친 보호.
그것은 실패와 좌절을 극복하는 아이들의 회복력을
믿지 못하는 데서 시작된 잘못된 사랑이 아닐까요.

친구를 부르는 버디 벤치 —2018. 12. 21

아이들이 자발적으로 만나는 첫 타인은 친구이다. 친구는 부모와 교사보다 더 많은 시간을 함께하는 동행이자 때로 인생의 단 한 사람으로 자리하기도 한다. 친구와 쌓는 우정은 소중한 경험이지만 새 친구를 사귀거나 여럿이 어울려 노는 걸 어려워하는 아이도 많다.

영국 등 해외 초등학교에서는 자연스럽게 친구를 사귈 수 있도록 도와주는 간단한 아이디어가 환영받고 있다. 평범한 벤치에 친구를 뜻하는 '버디'가 쓰인 의자는 친구들에게 같이 놀자고 말 건네기 어려울 때나 혼자 외롭다고 느껴질 때 앉기만 하면 된다. 버디 벤치에 앉는 것은 '지금 나에겐 친구가 필요하다'는 신호를 보내는 것이다.

이 신호를 알아챈 아이들은 벤치에 앉아 있는 친구를 놀이에 포함시키거나 옆에 앉아 대화를 나눈다. 버디 벤치가 있는 아일랜드의 학교 세 곳을 연구한 결과, 학생 40퍼센트가 버디 벤치에 앉아봤다고 답했고, 90퍼센트는 벤치에 앉아 있는 친구를 보면 말을 건넨다고 답했다.

혼자가 아니라는 것을 느끼게 해주고, 더 많은 친구를 사귈 수 있는 기회를 주며, 모르는 친구에게도 손을 내밀 수 있게 도와주는 버디 벤치는 아이들에게 많은 사랑을 받고 있다. 미국에 사는 아홉 살 소녀 새미는 플라스틱 병뚜껑을 모아 아직 버디 벤치가 없는 곳에 전달하기 위한 캠페인을 벌이기도 했다.

전문가는 버디 벤치가 학생들 사이의 따돌림을 줄이고, 공감 능력을 높여주는 도구가 될 것이라고 확신한다. 간단한 아이디어로 아이들의 마음을 사로잡은 버디 벤치는 벤치에 앉는 아이, 벤치로 다가가는 아이 모두에게 너는 혼자가 아니라는 따뜻한 말을 전한다.

21세기에 태어난
'어른이'들을 이해하는 법

어른이 시작되는 나이는 언제일까요? 열여덟, 스무 살…
아직 어린 청년 세대라고 불리기도 하고, 스스로를 책임져야 하는 어른이라고
규정되기도 하는 어른의 시작, 그 경계가 점점 애매해지고 있습니다.
이제 막 사회를 향해 첫발을 내디딘 밀레니얼 세대들은
실제로 어떤 생각을 하며 살아가고 있는지 함께 살펴봅니다.

2019. 05. 30

한 시대가 끝나고 새로운 세기가 시작되는 시점에 태어난 사람들이 있습니다.

밀레니얼 세대라고 불리는 이 세대는 정보기술에 능통해 자기표현 욕구가 강하고, 쇼핑은 온라인으로 하며, 카페에서 공부를 하는 게 익숙합니다. 디지털, 나르시시즘, 워라밸… 미래 사회의 주역이라 불리는 청소년과 청년세대를 하나로 묶는 대표적인 키워드들입니다. 하지만 시사주간지 〈타임〉은 이러한 특성을 게으르고 자아도취 성향이 있으며 부모에게서 독립하지 못하고 있다고 묘사했습니다.

2018년 기준으로 밀레니얼 세대는 세계 인구의 4분의 1 수준인 18억 명. 점차 '세상의 중심'으로 떠오르는 이들의 가치관을 알아보기 위해 싱가포르 사회과학대학이 조사를 실시했습니다.

2018년 8월부터 약 9개월 동안 진행된 설문 조사에서 1,056명의 젊은이들은 대학, 직업, 연봉, 결혼, 가족 등 다양한 질문에 어떤 대답을 했을까요?

"타이틀이 있으면 사람들에게 신뢰를 줄 수 있죠."
"많은 사람들이 얼마를 버는지는 중요하지 않다고 말하지만 결국엔 중요하다는 걸 깨닫죠."

학위 취득 목적에 대해 좋은 조건에서 결혼을 하고 더 높은 연봉을 받기 위한 것이라는 성향이 대체적으로 강하다고 합니다. 또한 예상대로 SNS를 하지 못하면 상실감을 느끼고 소셜미디어를 통한 교류를 선호하면서, 영향력 있는 사람을 팔로우하는 경향이 강했습니다. 하지만 더 깊이 이야기를 들어보면 차이가 있었습니다.

"또래들과 달리 저는 대학에 가고 싶지 않아요."
"휴대전화는 일종의 놀이예요. 게임이나 SNS 등 많은 것을 할 수 있죠. 비디오를 볼 수도 있어요. 이런 의미에서 우리 세대에서는 떼놓을 수 없어요."
"친구를 만날 때 저는 휴대전화를 쓰지 않아요. 상대의 존재를 무시하는 것과 다름없기 때문이죠."

공통점을 알아보기 위해 시작된 조사는 밀레니얼 세대를 하나의 시선으로 규정하는 것이 옳지 않다는 것을 보여줍니다. 또한 세대 담론은 결국 저마다 가진 삶의 가치를 모두 담아낼 수 없다는 반증을 나타냅니다.

밀레니얼 세대와 함께 살아가야 하는 사회에서는
그 어느 시대보다 편견과 고정관념을 버리고
진정성 있는 대화와 다름을 인정하는 태도가
필요할 것 같습니다.

부모보다
가난한 첫 세대 -2016. 07. 27

성인이 되었지만 부모와 함께 사는 자녀들의 수가 전 세계적으로 늘어나고 있다.

최근 연구에 따르면 요즘 세대의 대학생들은 과거 세대에 비해 '어른이 된다는 사실'에 더 큰 두려움과 불안을 느낀다고 한다. 미국의 인구 통계를 분석한 결과 2014년 기준, 사회 초년생이 부모와 함께 사는 비율 또한 역대 최대치를 기록했다. 유럽도 남부 유럽과 동유럽을 중심으로 부모와 함께 사는 성인 자녀가 점점 늘어나고 있다.

이렇다 보니 나라마다 독립하지 못하는 새로운 유형의 어른을 부르는 말들도 등장했다. 부모에게 경제적 지원을 요구하는 소송이 연간 8,000건에 달한다는 이탈리아에서는 '큰 아기'라는 뜻의 '밤보치오니(Bamboccioni)'라고 부른다. 영국에서는 '부모의 퇴직연금을 갉아먹는 자녀'라는 뜻을 담은 '키퍼스(kippers)'. 30세 미만 청년 80퍼센트가 부모와 함께 산다는 스페인에선 '공부도 안 하고 일도 안 한다'며 '니니스(Ni Estudia Ni Trabaja)'라고 부른다.

부모로부터의 독립을 방해하는 가장 큰 장애물은 '청년 실업'이다. 독립을 하고 싶어도 할 수 없는 '슬픈 세대'들인 것이다. 한편에선 '자식을 잘못 키운 탓'이라는 반성도 나오고 있다. 원인 제공자는 바로 부모라는 것이다. 어린 시절부터 성인이 될 때까지 계속되는 부모의 개입과 보호에 익숙해진 자녀들은 부모와 함께 있을 때 심리적 안정을 느껴 독립을 계속 미루거나, 굳이 부모와 떨어져 살 이유를 찾지 못한다는 분석이다. 최근 연구에 따르면 부모가 간섭과 통제를 할 때마다 자녀들은 '너는 부족한 사람이다'라는 메시지를 받는다고 한다. 바꿔 말하면, '너는 부족한 사람이니, 늘 부모가 필요하다'는 메시지인 셈이다.

독립하지 못하는 자녀에게는 물론 경제적인 이유가 가장 크지만 '자발적인 캥거루족' 뒤엔 자녀가 '진짜 어른'으로 성장하는 것을 방해해온 부모가 있었던 것은 아닐까.

코로나-19 시대,
C 세대의 탄생

우리 삶이 코로나-19와 함께한 지 1년이 훌쩍 넘어가고 있습니다.
코로나-19 생활 속 거리두기는 여전히 이어지고 있습니다.
대유행의 종식이 아닌 일상 속 방역 지침이 거듭되면서
우리 삶이 코로나-19 전과 후로 나뉜다는 말을 실감하게 됩니다.
학교의 사정도 마찬가지입니다. 코로나-19 이후에 태어난 세대를
C세대로 규정해야 한다는 논의가 나오고 있습니다.

2020. 05. 08

베이비붐 세대를 비롯해서 X세대, 밀레니얼 세대, 그리고 Z세대까지 각 세대를 규정하는 용어들이 있습니다.

주로 태어난 시기에 따라 구분을 했는데요. Z세대 이후 세대는 2011년 이후 태어나서 영·유아 때부터 인공지능 같은 IT 환경을 경험하며 자란 '알파 세대'로 규정되고 있었습니다. 그런데 최근 코로나-19 사태로 이 세대를 'C세대'로 규정하자는 논의가 제기되기 시작했습니다. C세대의 C는 코로나-19를 의미합니다.

코로나-19 사태가 하나의 세대를 구분 지을 정도로 가장 큰 사건이 될 것이라는 전망이 교육계를 중심으로 커지고 있습니다. 실제로 코로나-19는 20세기 이후 전 세계에서 모든 연령대가 동시에 삶의 변화를 경험한 최초의 사건입니다. 세계의 경

제사회학 전문가들은 코로나-19 사태가 현세대의 삶의 방식을 바꾸고 경제 상황뿐만 아니라 C세대의 가치관에도 영향을 미칠 것이라고 말합니다.

전문가들은 C세대는 소통 방식과 교육에 대한 개념이 달라지고, 건강과 위생, 웰빙을 최우선 가치로 삼으면서 자신의 삶에서 정부 역할을 중요하게 여길 것이라고 예상합니다. 그래서 C세대는 코로나-19가 발병한 이후에 태어난 세대를 뜻하는 동시에 코로나-19로 변화된 시대를 살아갈 모든 세대를 포함할 수도 있습니다.

한편 이제 막 시작된 C세대 논의에 대해 다양한 목소리가 나옵니다. 코로나-19로 세대까지 규정하는 것은 너무 이르다는 우려도 있습니다. 또 코로나-19 상황에 대처하는 방식에 따라 사회가 극단적으로 달라질 수 있는 만큼 현재의 선택이 C세대의 삶에 중요한 영향을 미칠 수 있다는 반성의 의미를 담기도 합니다.

C세대를 둘러싼 논의는 지금까지 사회를
구성하던 모든 것을 되돌아보고 미래 세대를 위한
올바른 선택이 무엇인지 전 세계가
고민하기 시작했다는 것을 알려주고 있습니다.

1부
부모라는 교사, 집이라는 교실

우주는 집[宇]과 집[宙]이라는 두 말이 합쳐진 단어입니다.

'무한한 시간과 만물을 포함하고 있는 끝없는 공간의 총체'라는

우주에 왜 '집'이라는 뜻의 두 한자가 쓰인 것일까요.

세상에서 가장 작은 공간인 집이야말로

세계의 모든 질서가 압축되어 있는 무한대의 공간이라는 반증이 아닐까요.

집은 우리가 처음 만나는 학교이고,

부모는 우리가 처음 만나는 교사입니다.

그 모든 배움의 처음이 이루어지는 가정에서

지금 어떤 세계가 시작되고 있을까요.

베풀 줄 아는
아이의 경쟁력

부모의 소득과 아이들의 이타적인 행동 사이에는 어떤 연관성이 있을까요?
한 연구에 따르면 부잣집 아이들보다
소득이 적은 가정의 아이들이 더 이타적이라고 합니다.
아울러 이타적인 아이들은 사회생활을 할 때도 남다른 힘을 발휘한다고 합니다.
베풀 줄 아는 아이들의 경쟁력에 관해 전해드립니다.

2015. 09. 30

남을 배려하는 아이와 자기 자신만 생각하는 아이.

자기 물건을 놓치지 않는 아이와 남에게 기꺼이 양보하는 아이.

이 차이는 태어날 때부터 시작되었을까, 하는 근본적인 질문에서 출발한 '이타심 실험'이 있습니다.

미취학 아동 74명에게 선물과 교환할 수 있는 토큰을 나눠주었습니다.

아이들은 연구진이 진행한 놀이를 통해 스무 개의 선물 교환 토큰을 가지게 되었죠. 연구진은 선물을 받을 기대에 잔뜩 부푼 아이들에게 한 가지 소식을 전합니다. 몸이 아파 놀이에 참가하지 못한 친구가 있으니 토큰을 나눠주면 어떻겠냐고 제안한 것입니다.

아이들은 다른 친구에게 자신의 토큰을 기꺼이 내주었을까
요? 아무도 없는 '비밀의 방'에 들어간 아이들은 아픈 친구에게
자신의 토큰을 줄지 말지 스스로 결정했습니다.

과연 결과는 어땠을까요? 74명의 아이들 중 40명의 아이들이
자신이 획득한 스무 개의 토큰 중 최소 한 개 이상을 다른 친구
에게 주었습니다. 나머지 34명의 아이들은 모든 토큰을 자기가
가졌습니다.

자기 것을 철저히 지키는 아이와 남에게 내어주는 아이의 행
동에 미친 영향은 무엇이었을까요?

연구진은 부모의 소득이 아이들의 성향과 관련 있다고 밝혔

습니다. 부모의 연소득이 1만 5,000달러 늘어날수록 다른 친구를 위해 토큰을 기부하는 양이 3분의 1씩 감소했기 때문입니다. 연구진은 부자 부모일수록 자신의 부를 빼앗기지 않으려는 모습을 아이들에게 보였을 가능성이 크다고 분석합니다. 아이들이 그런 부모의 모습을 고스란히 모방 학습했을 확률이 높다는 것이죠.

이기적인 아이들과 이타적인 아이들에게는 더욱 중요한 차이점도 있었습니다. 다른 친구에게 기꺼이 토큰을 나눠준 아이들은 스트레스를 통제하는 미주신경(Vagus Nerve) 활성도가 훨씬 높았던 것입니다. 심적 안정도가 높은 이 아이들은 결국 어른이 되었을 때도 덜 상처받으며 사회생활도 원만히 할 수 있는 가능성이 높다는 것이죠.

남에게 베풀 줄 아는 마음을 가진 아이,
제 것을 움켜쥐고 놓지 않는 아이.
내가 부모라면 어떤 아이로 키우고 싶을까, 묻기 전에
아이들이 간직한 이타심을 지속시키려면
타인을 배려하는 사람이 존경받고 성공하는 사회가
우선 자리 잡아야 하지 않을까요.

아기의 이타심은 어떻게 길러질까? -2015. 02. 26

이타심은 태어날 때부터 가지고 있는 본성일까?

이 근본적인 질문에 대한 또 다른 실험이 있다. 생후 15개월 된 아기들에게 좋아하는 장난감을 고르게 했다. 아기들의 취향을 확인한 연구자는 다시 장난감을 돌려달라고 말했다. 갓 돌을 넘긴 아기들은 선뜻 장난감을 건네주었을까? 3분의 1에 해당하는 아기가 자신이 가장 좋아하는 장난감을 건넸고, 또 다른 3분의 1은 가장 좋아하는 장난감을 빼고 별로 좋아하지 않는 물건을, 나머지는 아무것도 주지 않았다.

이렇듯 생애 초기 단계에서부터 이타심이나 이기심은 뚜렷한 차이를 드러낸다. 하지만 아기들의 마음속에 숨겨진 이타심은 생각보다 쉽게 끄집어낼 수 있다.

만 1~2세 아기들을 두 그룹으로 나눠 한 그룹에겐 공 하나만 주고 연구진과 대화를 나누면서 같이 공놀이를 했다. 다른 그룹에겐 아기 한 명당 공 하나를 주고 혼자 공을 가지고 놀게 했다. 놀이 후 연구진은 아이들의 반응을 살피기 위해 일부러 탁자 위의 물건을 떨어뜨렸다. 연구진과 서로 어울리며 놀았던 아이들의 경우 물건이 떨어지자 주워주는 경우가 3배에 달했다.

음악에 맞춰 함께 몸을 움직인 경험만으로도 아기는 이타적인 마음을 가진다. 생후 14개월 된 아기 69명을 대상으로 진행된 연구에 따르면 아기를 안고 음악의 분위기와 리듬에 맞춰 몸을 움직였을 때와 박자를 무시한 채 몸을 움직였을 때 아기들이 발휘하는 이타심에서 큰 차이가 났다. 아기 옆에서 일부러 펜을 떨어뜨리자 연구진과 음악에 맞춰 조화롭게 몸을 움직인 아기들이 더 많이 펜을 집어 건네주었다. 짧은 시간에도 아기는 연구자와 함께 음악과 율동을 조화롭게 맞추려는 경험을 함께했다고 느끼고 이타심이 자극된 것이다. 아이 속에 숨겨진 이타심을 끄집어내는 것은 결국 세상과의 유대감과 좋은 상호작용이다.

당신은 어떤 엄마를 원하십니까?

타이거, 사커, 시큐리티, 앵그리…
연상되는 단어가 있나요? 이들 단어 뒤에 붙는 말, 바로 '엄마'인데요.
이 시대를 살아가는 엄마들의 모습을 부르는 다양한 이름 속에
숨어 있는 의미는 무엇일까요. 자녀를 지나치게 간섭하고 보호하는
부모가 자녀들의 성장에 어떤 영향을 미치는지 전해드립니다.

2014. 12. 04

아이 주변을 뱅뱅 맴돌며 위험을 감시하는 헬리콥터 부모.

아이들이 실패와 마주치는 것을 두고 보지 않고, 어려움에 빠지기 전에 통제하고 간섭하며 아이들을 구조합니다. 이 용어가 처음 등장한 것은 1969년이었습니다. 아동심리학자 하임 기너트(Haim G. Ginott)가 지은《부모와 십대 사이》에서 비롯된 용어는 수십 년이 흐른 현재에도 '자녀를 지나치게 간섭하고 보호하는 부모의 양육 태도'를 꼬집는 무수한 신조어와 함께 존재합니다.

헬리콥터 부모 기질이 있는지 가늠해볼 수 있는 간단한 실험이 있습니다.

12개월 된 아기들과 엄마들에게 장난감 하나가 주어졌습니

다. 연구자는 아기가 장난감을 가지고 노는 동안 옆에 있으라는 말을 남기고 자리를 떠납니다. 연구자에게 똑같은 말을 들었지만 엄마들은 저마다 다르게 행동했습니다.

한 부류의 엄마들은 연구자의 말을 아기가 장난감을 제대로 가지고 놀 수 있게 하라는 말로 받아들였습니다. 이 엄마들은 아기에게 우선 장난감 사용법을 알려주고 아기가 노는 동안 계속 간섭했습니다. 연구자들은 이들을 '통제형 엄마'라고 불렀습니다.

또 한 부류의 엄마들은 아기 곁에 있으라는 말을 도움을 청할 때 도와주라는 뜻으로 받아들였습니다. 이들은 아기 혼자 놀도록 내버려두다가 곤란한 신호를 보낼 때 놀이에 끼어들었습니다. 이들은 '자율형 엄마'입니다.

엄마와의 실험이 끝나고 아기만 남았습니다. 연구자는 12개월 된 아기들에게 좀 어려운 놀잇감을 주었습니다. 그러자 통제형 엄마를 둔 아기들은 놀잇감에 금세 흥미를 잃고 놀이를 포기한 반면, 자율형 엄마를 둔 아기들은 계속 놀잇감을 탐색했습니다. 연구자는 통제형 부모들이 아이들의 타고난 능력과 하고자 하는 동기를 꺾어버린다고 결론 내렸습니다. 아이를 통제하다 보면 곧 과잉보호로 이어집니다.

최근 연구에 따르면 부모의 과잉보호에 따른 부작용이 10~11세 때 비만과 과체중으로 나타난다고 합니다. 호주에서 2,600여 명의 아이들을 4세부터 11세까지 추적 관찰한 결과 부모의 과잉보호 수치가 높을수록 과체중 아이들의 수는 13퍼센트가 더 많았고, 체중으로 인한 질병에 걸릴 확률은 27퍼센트나 높았습니다. 연구진은 아이들의 등교부터 시작되는 부모의 과잉보호가 아이들의 신체 활동 기회를 박탈하기 때문이라고 분석했습니다.

아이의 정신뿐만 신체적인 건강과 성장에도
영향을 미치는 부모의 양육 태도.
지나친 사랑은 아이의 세계를 감싸는 것이 아니라
가두는 것일지도 모릅니다.
한 발자국 떨어져 스스로 자라는 모습을 지켜볼 때
아이의 미래는 푸른 잎이 우거진 나무 한 그루로
우뚝 서 있을지 모릅니다.

엄마를 부르는, 어쩌면 차별하는 다양한 이름들 –2015. 05. 08

헬리콥터 부모가 부정적인 의미로 자리매김했지만, 또 다른 이름의 '엄마'는 어제도 오늘도 등장하고 있다.

2011년, 《호랑이 엄마의 승전가》라는 책과 함께 미국에 돌풍을 일으킨 '타이거 맘'의 목표는 정글처럼 치열한 경쟁사회에서 이기는 것이었다. 정글에서 살아남는 생존법은 남보다 우월한 학력과 재능이었다. '호랑이 엄마'의 상징이 된 예일대 교수 에이미 추아(Amy Chua)는 두 딸을 엄격한 규율과 적극적인 간섭 속에서 키웠다. 자매에게 제시된 목표 중 하나는 전 과목 A학점, 1등이었다. 시대에 역행하는 듯한 '호랑이 엄마'의 양육법은 큰딸이 하버드와 예일 대학에 동시에 합격하면서 미국 사회에서 큰 관심을 받았다.

25여 년 전인 1995년에는 미니밴으로 상징되는 '사커맘'이 미국 사회를 강타했다. '축구 엄마'는 자녀를 미니밴에 태우고 축구연습장을 찾는 엄마들로 어느 정도의 경제력과 시간적 여유를 가져 뒷바라지에 열심인 중산층 여성을 가리켰다. 이외에도 2001년 9·11 테러 이후에는 교육보다 자녀의 안전에 모든 촉각을 곤두세우는 '시큐리티 맘'이, 사회적 위험에 적극적으로 분노하고 행동하는 '앵그리 맘'이 차례로 등장했다.

서로 다른 이름의 삶을 살지만 이들이 가진 공통점이 있다. 한 연구에 따르면 여성들은 엄마가 되면서 정부의 복지 정책에 좀 더 적극적인 입장에 선다. 다양한 육아 문제를 겪으며 사회 복지를 자신의 문제로 받아들이기 때문이다. 이 연구에는 흥미로운 점이 있다. 엄마들은 복지를 더 늘려야 한다고 생각하는 반면, 남성들은 아빠가 되면서 오히려 복지 확대에 소극적이고 보수적인 입장에 선다는 것이다.

다양한 이름으로 불리는 이 시대의 엄마들. 그 이름 속에 녹아 있는 것은 엄마 이전에 한 여성으로 각자가 체득한 사회 모습과 생존법일 것이다.

오늘 아이를
얼마나 안아주었나요?

비용을 들이지 않고도 큰 효과를 낼 수 있는 육아법,
바로 포옹입니다. 이미 70년 전 연구를 통해 양육자와 아이의 신체 접촉이
얼마나 중요한지 입증됐습니다. 좋은 환경을 제공하는 것보다
더 큰 영향을 미치는 접촉의 위력에 관해 전해드립니다.

2015. 06. 04

전쟁이 세계를 뒤흔든 1940년대, 오스트리아 출신의 정신과 의사 르네 스피츠(Rene Spitz)는 전혀 다른 생활환경에 놓인 두 고아원에서 이해할 수 없는 현상을 목격합니다.

깨끗한 시설과 영양이 풍부한 음식을 제공하며 최고 수준을 자랑하는 한 고아원은 수용된 유아 중 무려 34명이 2세 이전에 사망했습니다. 전염병이 돌거나 학대를 당하지도 않았습니다. 하지만 살아남은 아이들조차 체중이 줄고, 무기력하게 움직이고, 무표정한 모습이 관찰되었습니다.

또 하나의 고아원은 재소자들의 아이를 돌보는 교도소 보육원이었습니다. 이곳은 위생 수준도 낮고, 음식 질도 나빴지만 사망한 아이는 단 한 명도 없었습니다.

왜 이런 차이가 벌어진 것일까요?

르네 스피츠는 두 고아원에서 한 가지 결정적인 차이를 발견합니다. 바로 아기들이 느끼는 누군가의 손길, 접촉의 유무였습니다. 최상급의 환경을 제공한 고아원에서 근무하는 보육자들은 규칙에 따라 아기를 안아주는 행동을 최소화했습니다. 반면, 열악한 환경에 놓인 교도소 보육원의 아기들은 엄마뿐만 아니라 다른 사람들과 수시로 따뜻한 접촉을 경험했습니다. 르네 스피츠는 완벽한 환경이 아닌 살과 살이 맞닿는 접촉이 아이들의 성장에 더 큰 기여를 한다고 결론 내립니다.

이 연구 결과는 스마트폰 화면이 처음 만나는 세계가 되고, 다양한 장난감이나 육아용품이 부모 품을 대신하는 현실을 돌아보게 합니다. 감정을 말로 표현할 수 없는 아기들에게 피부로

전해지는 느낌은 뇌에 즉각적으로 전달됩니다. 피부를 제2의 두뇌라고 부르는 이유입니다. 접촉을 경험하는 순간 뇌에서 엔도르핀과 옥시토신이 분비되며, 이 호르몬들은 하루하루가 낯설고 불안하기만 아기들에게 안정감을 선사합니다. 자주 안아주고, 쓰다듬어줄수록 아기가 안정감을 느끼는 횟수와 시간이 증가하고, 아기들은 낯선 세상을 마음껏 탐색할 수 있는 기회를 얻게 됩니다.

마흔아홉 개의 원시 부족 사회를 연구한 학자
제임스 프레스콧(James Prescott)은 폭력이 빈번한 사회와
폭력이 덜한 사회의 결정적인 차이점을 발견했습니다.
부모와 아이의 접촉이 일상화된 사회일수록
사회 전반의 폭력 수준이 낮았습니다.
부족함 없는 물질적 환경과 따뜻한 포옹.
오늘, 아이들에게 무엇을 더 많이 주었나요?

열 손가락 깨물어
덜 아픈 손가락은 있다 -2016. 09. 14

모든 자녀를 똑같이 사랑한다는 부모의 말은 진실일까?

부모의 솔직한 마음을 엿볼 수 있는 연구 결과가 있다. 2011년, 미국 부모들을 대상으로 한 연구에서 어머니 65퍼센트와 아버지 70퍼센트가 편애를 하는 것으로 드러났다. 한 자녀에게 치우치는 사랑은 전 세계 부모들의 공공연한 비밀이라는 것이다.

사랑을 덜 받는다고 느끼는 자녀는 편애의 가장 큰 피해자이다. 다른 누구도 아닌 부모에게 받은 차별의 상처는 거의 평생을 따라다닌다. 중년의 미국인 671명을 대상으로 연구한 결과 어머니의 공평한 사랑을 경험했다고 답한 비율은 단 15퍼센트였다. 나머지 85퍼센트는 부모의 사랑을 덜 받았다고 기억했고, 이들은 중년이 될 때까지 낮은 자존감과 싸워야 했다. 이들은 우울증에 걸릴 위험도 높았다. 부모로부터 차별당한다고 느끼는 10대 청소년의 경우 약물이나 담배, 알코올에 중독될 위험이 최고 4배 이상 높다는 연구 결과도 있다.

부모의 편애는 사랑을 덜 받는 자녀뿐만 아니라 사랑을 더 많이 받는 자녀에게도 상처를 준다. 전문가들은 부모의 편애가 가족 구성원 모두에게 해를 끼친다고 경고한다. 부모의 편애가 형제자매 사이를 갈라놓고, 멀어지게 하는 주요 원인이며 가정불화의 씨앗이 되기 때문이다. 만약 부모의 편애가 출중한 자녀 대신 더 부족하고 느린 자녀에게로 향한다면 어떨까. 과연 자녀들은 그 사랑조차 불공평하다고 느낄까?

마음을 헤아리는 한마디가
아이의 공감 능력을 바꾼다

타인을 따뜻하게 대하는 아이와 냉담한 태도를 보이는 아이.
서로 다른 아이들의 성격은 타고나는 것일까, 학습되는 것일까.
이 의문에서 출발한 실험이 있습니다.
아이들에게 따뜻한 공감 능력을 물려주는 방법은
생각보다 가까운 곳에 있다고 하는데요.
아이들의 마음의 온도를 결정하는 비밀에 관해 알려드립니다.

2016. 01. 06

태어난 지 5주밖에 되지 않은 갓난아기들이 있습니다.

이 아기들에게 사람 얼굴과 빨간 공을 한꺼번에 보여주고, 둘 중에서 어떤 것을 먼저 쳐다보고 더 오래 응시하는지 관찰하는 실험이 진행됐습니다.

'레드볼 테스트'라고 명명된 이 실험은 아이들의 반사회적인 특성을 예측하기 위한 것이었습니다.

연구진은 실험을 진행하고 2년 반이 흐른 뒤 빨간 공에만 집중했던 아이들에게서 공통된 특성을 발견합니다. 그것은 타인에게 무관심하며 감정을 잘 느끼지 못하는 태도였습니다. 빨간 공을 선택한 갓난아기들이 보이는 냉담한 반응은 결국 공감 능력이 부족해지고 반사회적인 태도로 발전할 수 있다고 지적했는데요. 여러분은 이 실험에 얼마나 공감하십니까?

　　지나친 이분법처럼 보이는 이 실험에는 사실 더 중요한 요소
가 존재했습니다.

　　처음에는 빨간 공에만 집중했던 갓난아기들이 결국 사람 얼
굴을 더 오래 쳐다보는 계기가 있었습니다. 바로 곁에 있던 엄
마의 세심한 태도였습니다. 부모가 어떤 반응을 보이고, 관심을
보이느냐에 따라 아이들의 선호도는 얼마든지 바뀐다는 것입
니다. 다시 말해 아이들의 공감 능력과 사회성은 부모의 태도에
따라 쉽게 변할 수 있다는 것입니다.

　　부모가 평소 어떤 말을 자주 하는지를 통해서도 아이들의 공
감 능력을 예측할 수 있습니다.

　　연구진은 아이들이 완전한 언어를 구사하기 이전 4단계에 걸

쳐 부모가 자녀에게 건네는 말을 분석했습니다. 생후 10개월, 12개월, 16개월, 20개월에 걸쳐 부모와 자녀가 10분 동안 나누는 대화 속에서 '자녀의 마음을 헤아리는 말'을 얼마나 자주 하는지 측정한 것입니다. 그리고 이 아이들이 5~6세가 되었을 때 12개의 이야기를 들려주면서 아이들이 이야기 속 상황과 감정을 얼마나 이해하는지 공감 능력을 측정했습니다. 실제로 부모에게 마음을 헤아리는 말을 자주 들었던 아이들은 이야기에 공감하는 능력이 훨씬 뛰어났습니다. 부모의 공감 능력은 아이들에게 고스란히 대물림될 가능성이 높다는 것입니다.

마음에 귀를 기울여줄수록 따뜻해지는 아이들.
아이들의 표정은 처음부터 겨울에서
시작되는 것이 아닙니다.
지금 아이에게 건네는 말의 온도는 몇 도인가요?

세상에서 가장 따뜻한 노래, 자장가의 힘 -2015. 12. 30

영국 런던에 자리한 그레이트 오몬드 스트리트 병원에 입원한 37명의 유아들에게 자장가는 특별한 힘을 발휘했다.

아픈 아이들의 고통을 덜어줄 수 있는 방법을 찾던 연구진은 한 그룹에게는 그림책을 읽어주고, 다른 그룹에게는 그냥 휴식을 취하게 했다. 그리고 세 번째 그룹에게는 자장가를 들려주었다. 그런데 자장가를 들은 아이들에게 극적인 변화가 찾아왔다. 빠르게 뛰던 심장박동이 안정을 찾고, 통증 때문에 몸을 뒤척이거나 얼굴을 찡그리는 행동도 줄어든 것이다. 자장가에는 아이들 마음을 안정시키는 것 이상의 효과가 있었던 것이다.

그렇다면 엄마가 직접 자장가를 불러주면 어떨까? 출산 예정일보다 일찍 태어난 조산아 94명에게 녹음된 엄마의 노랫소리를 들려주는 실험이 진행됐다. 매일 15분씩, 단 5일 동안 자장가를 들려줬는데도, 엄마 젖을 빨 힘도 없어 의료 튜브를 통해 음식물을 섭취하던 아기들은 다른 아기들보다 일주일이나 빨리 튜브를 떼어냈다. 고무젖꼭지를 빨 수 있는 힘이 생겼고 퇴원도 빨랐다. 엄마의 노랫소리가 조산아들에게 강력한 삶의 동기를 제공한 것이다. 아기들이 엄마의 목소리를 알고 또 가장 사랑하기 때문에 가능한 일이라고 의료진은 설명한다.

갓난아기에게
조기교육이 필요하다?

미국 소아과학회가 유아들의 조기교육을 권장하는 의견을 내놓았습니다.
줄곧 너무 이른 시기의 교육이 아이들에게 끼치는 폐해를 지적하던 소아과학회로서
매우 이례적인 발표였습니다. 그들이 말하는 가장 효과적인 조기교육은
다름 아닌 책 읽어주기였습니다. 부모의 목소리로 들려주는
또 다른 세상의 이야기가 가진 힘에 대해 알려드립니다.

2014. 09. 18

아이들은 태어난 뒤 36개월까지가 뇌 발달에 가장 중요한 시기라고 합니다. 이때 유아에게 형성된 어휘와 의사소통 능력이 무엇보다 중요하다고 합니다.

많은 부모가 조바심하며 아이에게 버거운 공부를 시키곤 하는데, 부모가 소리 내어 책을 읽어주는 것이 최고의 조기교육이라는 연구 결과가 발표됐습니다.

책 읽어주기는 부모들의 소득 격차에서 비롯될 수 있는 유아들의 지적 능력 차이도 좁힐 수 있다고 합니다.

미국 연방정부의 조사에 따르면 연간소득이 9만 5,400달러 우리 돈으로 9,700만 원 이상인 가구의 아이들 60퍼센트는 태어난 직후부터 5세가 될 때까지 매일 책을 접했지만, 연간소득이 우리 돈 2,400만 원 이하인 저소득층 아이들의 경우 매일 책

을 접한 아이들은 3분의 1에 불과했습니다. 이 차이가 유아들의 지적 능력 차이로 이어질 수 있다는 것입니다. 미국 소아과학회는 소속 의사 6만 2,000여 명에게 병원을 찾는 부모들에게 책 읽어주기의 효과를 전달하라는 지침까지 내렸습니다.

그렇다면 언제 처음 책을 읽어주면 좋을까요?

대답은 명쾌합니다. 책 읽어주기는 아기가 태어난 바로 그때부터 시작하는 것이 효과적입니다. 빨리 시작하고 자주 하는 것이 책 읽어주기의 교육 효과를 높여준다는 것입니다. 그런데 반드시 기억해야 하는 것이 하나 있습니다. 책 읽어주기와 절대로 동시에 해서는 안 되는 행동입니다. 바로 텔레비전이나 스마트폰을 보여주는 것입니다.

미국 소아과학회는 24개월 이전의 아이들에게 텔레비전이나 스마트폰을 보여주면 책 읽어주기의 효과가 사라질 수 있다고 경고합니다. 그렇다면 바쁜 부모를 대신해 아예 책 읽어주기를 스마트폰에게 맡기는 건 어떤 효과를 줄까요? 여기에는 책 읽어주기의 가장 핵심적인 과정이 빠져 있습니다. 스마트폰은 책 읽어주는 부모와 달리 아이의 눈짓 하나, 행동 하나, 말소리 하나에 전혀 반응하지 않는다는 것입니다.

가장 쉽고 효율적인 조기교육인 책 읽어주기.
텔레비전과 스마트폰이 육아의 필수가 된 부모들에겐
가장 실천하기 어려운 조기교육이겠지만
책을 읽는 순간, 아이들뿐만 아니라
부모 또한 책을 읽고 있다는 사실을
떠올려보면 어떨까요?

읽을 수 있어도 읽어주세요 —2018. 02. 02

2014년, 미국 소아과학회는 아이가 글을 읽을 수 있더라도 최소한 열 살이 될 때까지 매일 소리 내어 책을 읽어주라는 권고를 추가했다. 이렇게 누군가 소리 내어 책을 읽어주면 혼자 책을 읽는 것보다 어휘력과 사고력 향상에 더 도움이 된다. 글자를 읽을 수 있는 것과 의미를 파악하는 것은 다른 영역이기 때문에 약 13세까지는 눈으로 읽으면서 동시에 의미까지 파악하기가 쉽지 않아 책 읽어주기 효과가 크다는 것이다.

하지만 여덟 살을 기점으로 책을 읽어주는 부모의 수가 현저히 줄어드는 게 현실이다. 미국, 캐나다, 영국 등 각국의 아동과 부모의 독서 습관을 분석한 2017년도 보고서에 따르면 0~5세 자녀를 둔 부모 59퍼센트는 거의 매일 소리 내어 책을 읽어줬지만, 글을 깨치기 시작하는 다섯 살이 넘으면 달라졌다. 6~8세 자녀를 둔 부모 38퍼센트, 9~11세 부모의 17퍼센트만 여전히 책을 읽어주었다.

부모 대부분은 이 시기에는 자녀 혼자 책을 읽는 것이 더 유익하다고 생각한다. 하지만 혼자 책을 읽을 수 있는 6~11세 어린이 87퍼센트는 부모가 책을 읽어줄 때 더 즐겁고 의미 있는 시간이 된다고 답했다. 다른 이의 말에 귀 기울이고, 소통하는 능력이 중요한 시대. 하루에 한 권, 한 페이지라도 소리 내어 책을 읽어주는 시간을 약속해보면 어떨까.

질문하고 상상하는
힘을 칭찬하라

어른이 되면서 잃어버리는 능력 중 하나가 바로 '질문'입니다.
어린 시절 품었던 수많은 궁금증들. 아무도 대답해주지 않았고,
나조차 기억하지 못하는 숱한 질문에 대한 답은 찾았나요?
아이들의 엉뚱한 질문에도 성의껏 답해줘야 하는 이유에 관해 전해드립니다.

2016. 07. 13

말을 배우기 시작한 아이들은 놀라운 능력 하나를 스스로 터득합니다. 바로 질문하는 능력입니다.

아이들은 처음 마주하는 세상이 물음표가 가득한 것처럼 묻고 또 묻습니다. 꼬리에 꼬리를 무는 질문에 부모는 귀찮아하며 건성으로 대답하기 일쑤인데요. 한 연구에 따르면 아이들의 끊임없는 질문에는 심오한 이유가 있다고 합니다. 질문하는 순간 아이들은 삶의 또 다른 기술을 터득해갑니다. 묻고 또 물으면서 필요한 정보를 얻기 위해 어떤 대화법을 사용해야 하는지 자기도 모르게 모색하기 때문입니다. 따라서 아이들이 질문할 때 부모는 곧바로 적극적으로 대답해주는 게 중요합니다.

자녀가 궁금증과 호기심을 표현할 때 부모가 어떤 반응을 보

이느냐에 따라 아이들의 '실행 능력'은 달라집니다.

아이들의 질문에 적극적으로 대답하는 부모를 둔 유아는 목표를 계획하고 실천하는 능력이 빠르게 발전했습니다. 부모의 적극적인 태도가 촉진한 실행 능력은 우수한 학업 성적으로 이어지기도 합니다. 그런데 엉뚱하고 순진한 질문을 넘어 전문 지식이 필요한 물음에는 어떻게 대처해야 할까요?

영국 공학기술연구소가 4~12세 자녀를 둔 1,000명 이상의 부모에게 설문조사를 실시했습니다. 설문에 응답한 부모 중 83퍼센트가 자녀의 전문적인 질문에 대답하지 못한 경험이 있다고 밝혔습니다. 계속되는 질문이 두려워 일부러 대답을 피한 적이 있다고 말한 부모도 61퍼센트나 되었습니다. 영국 공학기술연구소는 부모를 당황하게 한 대표적인 질문들도 공개했습니다.

우주는 어떻게 무한공간이 되었나요?

태양은 왜 그렇게 큰가요?

하늘은 왜 파란색인가요?

달은 왜 지구로 떨어지지 않나요?

세상에는 얼마나 많은 공룡 종류가 있나요?

여러분이라면 어떻게 대답하겠습니까?

어려운 질문 앞에 당황하지 말고 아이와 함께

관련된 책을 보거나 인터넷을 검색하면서

해답을 찾아보는 것이 좋다고 합니다.
무엇보다 어떤 질문이든 궁금증 자체를
칭찬해주는 것이 아이들이 마음껏 상상할 수 있는 힘을
길러주는 밑거름이라고 합니다.

낙서는
아이의 자기표현이다 -2017. 02. 07

아이들은 손에 무엇이든 움켜쥐는 시기부터 낙서를 시작한다. 부모는 집을 어지럽히는 낙서를 어떻게 이해하고 바라봐야 할까?

프랑스 오네스부아의 아이들은 등교하지 않는 날이면 가정에서 미술 활동을 하거나 미술학교에 간다. 스테파니 씨네 세 아이는 정원에서 나뭇잎을 고른 뒤 집 안으로 들어간다. 실내에는 아이들이 그림을 그리거나 무언가를 만들 수 있는 공간이 마련돼 있다. 세 아이는 바닥에 놓인 도화지에 자유롭게 그림을 그린다. 나뭇잎을 종이에 대고 문양을 그리거나, 마음대로 물감으로 색칠을 한다. 형체를 알아볼 수 없는 그림을 미끄럼틀이라고, 꽃이라고 설명한다. 엄마는 간섭하지 않고 아이들의 상상력이 담긴 그림을 지켜본다.

프랑스 파리에 위치한 성카트르(Le Centquatre) 예술문화센터는 시립 장례식장을 도시재생 공간으로 탈바꿈한 곳이다. 이곳에는 영아부터 6세 미만의 어린이와 부모를 위해 유아교육을 전공한 교사들과 심리치료사들이 상주하고 있다. 이곳에서 그림 그리기는 가장 중요한 놀이다. 아이는 어떤 간섭도 받지 않고 마음껏 그림을 그린다. 한 아이가 물고기를 잘못 그렸다고 생각한 아빠가 직접 시범을 보이면서 방법을 알려주면 곧 교사에게 상담을 받아야 한다.

미술 심리치료사인 나훔 뤼프(Nahum Ruffe)는 "그림이 완성되고 안 되고를 결정하는 것은 아이의 몫이다. 부모가 아이의 창의력을 제한해서는 안 된다. 낙서를 평가하지 말고 있는 그대로 인정해주는 것이 중요하다."고 설명한다. 아이들은 다양한 선 긋기를 통해 자기 안의 생명력과 에너지를 표출하고, 감각을 느끼면서 자신의 존재를 인식하게 된다는 것이다. 사소한 장난처럼 보이는 낙서도 아이가 자기 생각을 자유롭게 표현하는 힘을 기르고, 주변에서 벌어지는 현상들에 대해 열린 자세와 관심, 호기심을 갖게 한다. 지금, 아이들이 그린 세계를 다시 한 번 살펴보는 것은 어떨까?

가족이 함께하는
저녁 식사가 불러오는 힘

오늘, 저녁 식탁에 모든 가족이 모여 있습니까?
모든 가족이 모인 식탁에서는 어떤 풍경이 펼쳐지나요?
가족이 함께 식사 메뉴를 정하고, 장을 보고, 음식을 만들고,
먹는 과정에서 자녀들은 학습 효과까지 얻을 수 있다고 합니다.
가족에게 가장 중요한 일과인 '저녁 한 끼'가 선사하는 것들에 관해 알아봅니다.

2019. 01. 11 / 2014. 10. 02

SNS 같은 공간에서 자녀를 위해 중요한 프로젝트를 시작했다고 밝히는 가족들이 있습니다.

이 가족들이 반드시 실천하겠다고 약속한 것은 자녀와 함께하는 저녁 식사입니다.

모든 가족이 한자리에 둘러앉아 식사를 준비하고, 이야기를 나누는 과정 자체가 가장 효과적이고 확실한 교육 투자라고 믿기 때문입니다.

가족이 함께하는 식사가 불러오는 마법은 수많은 연구를 통해 입증됐습니다.

그중 가장 흔하게 언급되는 주제는 아이들이 건강한 식습관을 가지게 된다는 것입니다.

'가족 식사'의 효과는 건강에만 그치지 않습니다. 아이들의 어휘력을 향상시키는 가정환경에 대해 연구했던 하버드 대학 연구진은 의외의 결과를 얻은 바 있습니다. 부모가 책을 읽어줄 때보다 함께 식사할 때 아이들은 훨씬 다양한 단어와 어휘를 익힌 것입니다.

가족과 함께 식사하는 횟수가 학교 성적을 예측하는 강력한 지표라는 연구도 있습니다. 가족과 저녁 식사를 함께하는 횟수가 일주일에 5~7회인 청소년은 2회에 불과한 청소년보다 A학점을 받을 가능성이 2배 높았습니다. 반면 흡연과 음주를 할 확률은 낮았습니다. 마찬가지로 가족과 함께 식사를 자주 할수록 우울한 감정에 빠지거나 위험한 행동을 일으킬 가능성도 적었습니다. 미래에 대해 긍정적인 시각을 품게 된 것은 덤입니다.

가족 식사를 통해 확실한 교육 효과를 얻으려면 식탁에 반드시 놓여야 할 메뉴가 있습니다. 바로 즐거운 분위기와 대화입니다. '저녁 식사 함께하기' 프로젝트를 시작한 가족들은 재미있는 저녁 식사를 위해 다양한 아이디어를 공유합니다.

가족과 함께하는 식사는 아이들이 학교에 다닐 만큼 자란 뒤에도 큰 힘을 발휘합니다.

최근 캐나다에서 '사이버 왕따' 피해를 줄일 수 있는 연구가 발표되었습니다. 피해 예방책은 놀랍게도 가족과의 저녁 식사였습니다. 12~18세의 청소년 1만 8,000여 명을 대상으로 한 이

번 연구는 가족과의 저녁 식사 횟수와 사이버 왕따 경험 사이의 상관관계를 밝혔습니다.

가족과 저녁 식사를 전혀 하지 않는 학생은 가족과 저녁 식사를 하는 학생에 비해 사이버 왕따 경험이 7배나 높았고, 주 4회 이상 가족과 저녁 식사를 하는 경우에는 4배나 적었습니다. 사소할지 모르는 가족과의 저녁 한 끼가 아이들 입장에서는 가족들에게 자신의 문제를 스스로 드러내고 의논할 수 있는 유일한 시간이라는 것입니다.

영국에서는 가족과의 저녁 식사는 다른 어떤 교육보다 중요하다는 연구가 발표되었습니다. 가족과 함께하는 저녁이 자녀들의 SQ(Social Quotien)를 높인다는 건데요. IQ, EQ에 비해 생소한 용어인 SQ는 다른 사람의 감정을 이해하고, 타인과 어울릴 수 있는 사회성 지수입니다. 6~11세 아동들을 대상으로 한 이 연구에 따르면 일주일에 적어도 4번 이상 부모들과 화목한

저녁 식사를 한 아이들은 학습 태도가 좋았을 뿐만 아니라, 폭력과 지각 같은 문제를 일으키는 빈도도 낮았습니다.

연구진은 자녀들은 식사 자리에서 부모의 언어적·사회적 능력을 고스란히 습득한다고 말합니다. 따라서 식사 때는 더욱 신경을 써서 모범을 보일 필요가 있다고 강조합니다.

가족과의 저녁 식사가 위력을 발휘하는 이유는 바로 '따뜻한 분위기에서 이루어지는 대화'에 있습니다.

대화가 빠진 침묵의 식탁은 아이들에게도
침묵만을 가르쳐주기 마련입니다.
저녁 식탁에서 웃음이 끊이지 않게 해줄 대화 주제
식사 준비를 하면서 할 수 있는 게임
자녀와 함께 도전하는 음식…
학교와 직장에서 집으로 돌아가는 가족 모두가
기다리는 저녁. 그 시간을 최고의 이벤트로 만드는
노력이 곧 자녀를 위한 최고의 교육이 아닐까요?

시간에 관한 아이러니, 시간과 가족 -2019. 05. 09

전 세계 누구에게나 똑같이 주어지는 자원이 있다. 바로 시간이다. 시간은 모두에게 24시간이 주어지지만 실제로 사용할 수 있고, 사용하고 있는 시간은 저마다 다르다. 가족을 위해 일을 하면 할수록 함께할 수 있는 시간이 줄어드는 경우도 흔하다.

사회학자 제임스 비커리(James Vickery)는 이렇게 일과 삶의 균형이 무너지는 현상을 '시간 빈곤'이라고 불렀다. 소득 빈곤을 피하기 위해 어쩔 수 없이 노동 시간이 늘어나는 것을 시간 빈곤이라고 본 것이다. 이를테면 고소득자는 유급 노동을 줄이고 가족과 자신을 위해 시간을 할애해도 소득 빈곤이 될 가능성은 거의 없지만 저소득자는 그 반대이다.

덴마크의 사회학자 에스핑 안데르센(Esping-Andersen)은 부모가 투자할 수 있는 돈만큼 시간도 불평등에 영향을 미친다고 밝혔다. 고학력 부모가 저학력 부모보다 자녀를 돌보는 시간이 길고 이는 격차로 이어진다는 것이다. 또한 시간은 가족, 친구, 이웃뿐만 아니라 사회 활동까지 영향을 미치기 때문에 인간관계 자체를 재화로 보는 시각도 있다. 가족을 꾸리지 않는 1인 가구 증가와 혼밥, 혼술 문화 등을 단순한 사회 현상으로 바라볼 수만은 없는 이유이다.

많은 나라의 사회복지 정책은 소득 재분배에 초점이 맞춰져 있다. 하지만 여기에서 더 나아가 이렇게 불평등하게 분배되고 있는 시간을 어떻게 재분배할 것인가도 함께 고민할 시점이다.

일하는 엄마,
집안일 하는 아빠

부모 모두 직업을 가진 가정이 많습니다.
하지만 워킹맘으로 살아가는 게 여러모로 쉽지 않은 것도 여전한 현실입니다.
자녀들은 일하는 엄마에 대해, 살림하는 아빠에 대해 어떻게 생각할까요?
새로운 부모의 모습을 바라보는 아이들의 마음을 담아봤습니다.

2016. 05. 18

아빠처럼 바쁘게 일하는 엄마와 엄마처럼 집안일을 도맡아 하는 아빠.

부모의 이런 모습이 커가는 자녀들에게 어떤 기억으로 남을까요?

24개 국가를 대상으로 실시한 연구 결과에 따르면 워킹맘을 가진 자녀들은 공통적으로 '엄마의 부재'라는 시련을 겪으며 성장했다고 밝혔습니다. 그러나 또 다른 공통점도 있었습니다. 일하는 엄마 밑에서 자란 딸들은 평균보다 높은 교육을 받았고, 직장에서 받는 임금도 더 많았습니다.

그렇다면 일하는 엄마를 보고 자란 아들은 어떤 어른으로 성장했을까요?

워킹맘 밑에서 자란 남성은 직장에서 여성에 대한 편견이 적고, 결혼한 후에도 가족과 함께 보내는 시간은 물론 가사노동에 참여하는 시간이 더 많았습니다.

엄마가 일하는 모습을 보고 자란 아이들은 오히려 성공적인 사회생활을 할 가능성이 높다는 게 연구진의 결론입니다. 세상과 부딪히며 열심히 일하는 엄마의 모습 하나하나를 자녀들은 놓치지 않고 보고 배웠던 셈입니다.

그렇다면 집안일을 도맡아 하는 아빠의 모습은 어떤 영향을 줄까요?

캐나다 연구진에 따르면 설거지하는 아빠의 모습이 딸의 꿈을 키워주고 미래를 성공으로 이끌어준다고 합니다. 집안일을

공평하게 분담하는 아빠를 보고 자란 딸들은 남녀평등에 관한 의식과 미래에 대한 포부가 남달랐을 뿐만 아니라, 장래희망 또한 성별에 대한 고정관념 없이 다양했습니다.

일하는 엄마와 집안일 하는 아빠가 자녀에게 미치는 영향력은 특히 남녀 평등지수가 낮은 사회일수록 커졌습니다. 남녀 평등지수가 낮은 사회일수록 일하는 엄마와 집안일 하는 아빠의 비율이 낮고, 그들을 바라보는 사회의 시선 또한 보수적이었습니다.

일을 마친 뒤 아이들과 어떤 모습으로 만나고 있습니까?
내 일을 사랑하는 당당한 모습
성별 고정관념 없는 자연스러운 모습
부모가 자연스레 보여주는 모습
그 자체가 아이들이 미래를 그리는 거울 아닐까요?

집안일 해본 아이 vs 안 해본 아이 -2015. 04. 02

서너 살 때부터 집안일을 돕는 습관을 들이면 아이들의 미래가 달라질 수 있다.

미국 성인 1,001명에게 자녀에게 집안일을 맡기는지 설문조사를 하자 단 28퍼센트만 그렇다고 대답했다. 대부분의 부모는 아이들이 집안일을 도울 시간에 공부하기를 원한 것이다.

'행복'에 관한 연구로 유명한 하버드 의대 조지 베일런트(George Vaillant) 교수는 11~16세 아동 456명을 약 35년간 추적 조사한 끝에 성인이 되어 성공한 삶을 꾸린 이들의 유일한 공통점이 다름 아닌 어린 시절부터 경험한 집안일이라는 사실을 밝혀 냈다.

집안일은 학교 공부와는 달리 어떤 아이에게나 짧은 시간 동안 성취감을 맛보게 해준다. 결국 집안일의 경험 차이는 성취감을 자주 맛보며 자란 아이와 그렇지 않은 아이의 차이로 이어진다. 특히 서너 살 정도 이른 나이에 집안일을 경험하기 시작한 아이들은 10대가 되어서야 집안일을 하기 시작한 아이들에 비해 자립심과 책임감이 강하며 성공한 삶을 살 가능성이 훨씬 높았다.

하지만 너무 어린 아이에게 적당한 집안일이 있을까?

스스로 장난감 정리하기, 쓰레기통에 쓰레기 버리기, 애완동물에게 밥 주기 등이 서너 살 아이들에게 적당한 집안일이라고 한다. 그리고 이때 빨래 바구니에 양말을 골인 시키거나, 게임처럼 점점 난이도가 높은 집안일에 도전할 수 있게 하는 등 놀이의 규칙을 적용하면 아이들은 집안일에서 큰 재미를 느낄 수 있다.

반드시 피해야 할 부모의 행동도 있다. 집안일에 대한 보상으로 용돈을 주는 행위이다. 용돈 대신 칭찬과 격려를 받은 아이는 집안일을 통해 자존감을 쌓아갈 수 있다.

아빠의 모성을
깨우는 방법

모성은 엄마의 전유물이 아니라는 인식이 높아졌습니다.
엄마 못지않게 아이를 잘 돌보는 아빠들의 모습도 흔하게 볼 수 있습니다.
그들은 특별한 유전자를 타고난 사람들일까요?
모성은 타고나는 게 아니라 길러진다는 연구 결과를 통해
아빠가 자녀에게 주는 사랑의 힘에 관해 알아봅니다.

2014. 12. 18

양육을 도맡아 하는 엄마들의 뇌는 좀 특별합니다.

우리가 모성이라고 부르는 신경 회로인 '양육 회로'가 작동하기 때문입니다. 그렇다면 모성은 여성들만의 전유물일까? 이 질문에 답하기 위해 이스라엘에서 서로 다른 유형의 가정을 대상으로 연구가 진행됐습니다.

한 가정은 엄마가 육아를 도맡고 아빠는 가끔 도와주는 일반적인 형태의 가정입니다. 또 다른 가정은 특별합니다. 대리모를 통해 아이를 낳은 남성 동성 커플입니다. 이들은 둘 다 육아에 전념했습니다.

연구진은 두 가정이 양육하는 모습을 비디오로 촬영하고 애정과 친밀한 감정에서 분비되는 옥시토신 호르몬 농도를 측정했

습니다. 그리고 뇌의 어느 부분이 활성화되는지 분석했습니다.

분석 결과, 육아를 공동으로 맡은 동성 커플의 뇌에서 특별한 점이 발견됐습니다. 두 사람 모두 아이를 기르기 전에는 관찰되지 않았던 양육 회로가 작동하기 시작했습니다. 그들의 뇌는 일반적인 가정에서 양육을 도맡아 하는 엄마의 뇌와 같았습니다. 이른바 모성이 자라기 시작한 것입니다.

연구진은 남성과 여성 모두 엄마가 될 수 있는 뇌 회로를 타고났으며 이 회로를 작동하게 하는 건 임신과 출산의 경험이 아니라 '육아 경험'이라고 결론지었습니다. 육아에 쏟는 정성과 시간이 많다면 누구에게나 모성이 생겨난다는 것입니다. 남성도 충분히 헌신적인 엄마가 될 수 있다는 반증이죠.

아빠가 되었을 때 경험할 수 있는 변화는 뇌뿐만이 아닙니다. 미혼 남성 600명을 5년 동안 관찰한 결과 그사이 아빠가 된 경험을 한 남성들의 경우 남성 호르몬인 테스토스테론 수치가 급격하게 떨어졌습니다. 연구진은 테스토스테론 수치가 떨어진 것이 진화의 한 과정이라고 설명합니다. 남성의 신체가 좋은 아빠가 되기 위한 준비 과정으로 공격성과 관련 있는 테스토스테론 수치를 낮추는 선택을 했다는 것이죠.

아빠라는 이름과 함께 경험할 수 있는 변화.
엄마 몫까지 하고 싶은 아빠들에게는 좋은 소식이지만
자신은 소질이 없다면서 육아를 회피하는
아빠들에게는 반갑지 않은 소식일지 모릅니다.
하지만 생명을 낳아 키우는 일은 이제 더 이상
엄마의 몫이 아니라는 사실만은 분명해 보입니다.

아빠의 특별한 육아 능력, 아빠 효과 —2014. 09. 25 / 2016. 08. 31

과격하고 시끄럽고 때로는 위험해 보이는 아빠의 놀이 방식이 도마에 오를 때가 있다. 하지만 호주의 한 연구진은 아빠들의 다소 무모하고 과격한 놀이가 아이들의 성장에 큰 도움이 된다는 연구 결과를 발표했다. 30개월~5세 아이들과 놀아주는 아빠들을 대상으로 한 연구에 따르면 아빠와 몸을 부대끼는 놀이는 아이들의 신체 발달뿐만 아니라 감정과 생각을 조절하는 능력도 키워준다는 것이다. 아빠와의 놀이에서 이긴 아이들은 거대한 상대를 물리쳤다는 성취감을 맛보며 자아 존중감을 높이는 중요한 수단이 된다는 것이다.

또한 엄마가 즐겨하는 규칙이 정해진 놀이와 달리 아빠와의 규칙 없는 놀이를 통해 아이들은 예상할 수 없는 상황에서 감정을 통제하는 방법 또한 배운다. 아빠가 지켜볼 때 아이들은 더 활동적이고 새로운 시도를 많이 한다. 엄마보다 더 멀찍이 적당한 거리를 두고 자녀를 관찰하는 아빠의 태도 덕에 아이들은 모험심을 키우고 스스로 위험을 극복하는 법을 배운다는 것이다. 아울러 가정 내에서 규칙을 강조하면서도 적당한 자율성을 부여하는 아빠들의 태도가 자녀들에게 끈기를 가르친다고 한다.

아빠의 역할이 빛을 발하는 건 놀 때만이 아니다. 설거지와 빨래 등을 돕는 아빠들이 딸의 장래희망 선택에 큰 영향을 미친다는 연구 결과도 있다. 연구진은 가사노동을 분담하는 아빠를 둔 딸의 경우 우주비행사, 지질학자, 축구선수 등 전통적으로 여성의 직업으로 간주되지 않는 미래를 꿈꾼다고 한다. 또한 식습관 형성에도 아빠의 역할은 중요하다. 아빠가 가족과의 저녁 식사를 얼마나 중요하게 여기느냐에 따라 자녀의 식습관이 달라졌다. 아빠가 외식보다 집밥을 좋아하면 자녀들 역시 외식과 패스트푸드를 멀리했다.

만약 손가락 하나 까딱하기도 피곤한 아빠라면 좀 더 쉬운 방법이 있다. 바로 아빠의 목소리다. 엄마와는 또 다른 아빠만의 언어 세계를 경험하기 때문이다. 아빠가 구사하는 역동적인 단어들과 함께 눈높이에 대한 배려가 없는 어려운 용어들이 오히려 언어의 폭을 넓혀준다는 것이다. 이처럼 아빠의 육아는 엄마와 똑같을 필요가 없다. 육아에 지레 겁먹지 말고, 아빠라는 존재 자체가 아이들의 삶을 균형 있게 만들어준다는 사실을 잊지 않는 것이 중요하다.

엄마 아빠도
무서운 게 있나요?

병원에 가거나 주사 맞는 것을 유난히 무서워하는 아이가 있습니다.
아이들에게 공포를 가르쳐준 사람은 부모일 가능성이 높다고 합니다.
자녀 앞에서 좀 더 의연한 태도를 보여야 하는 이유에 대해 알려드립니다.

2016. 07. 20

예방접종과 수학.

누군가에게는 지독한 공포의 대상입니다. 성인이 되어서도 여전히 극복하지 못한 크고 작은 두려움들. 이 공포는 언제 어떻게 시작되었을까요?

캐나다 요크 대학 연구진은 아동 130명을 대상으로 예방접종하는 모습을 관찰했습니다. 주사에 대한 공포심이 어디서 비롯하는지 밝혀내기 위해서였습니다. 첫 예방접종을 시작하는 영아부터 5세가 될 때까지 지속적으로 관찰한 결과 모든 아이가 주사기를 무서워하는 것은 아니었습니다.

유독 주사에 대한 공포심을 드러내는 몇몇 아이의 공통점은 바로 부모였습니다. 자녀 곁에 있는 부모가 눈살을 찌푸리거나 아프겠다고 거드는 대화와 행동이 고스란히 아이에게 반영된 것입니다. 부모에게 물려받는 주사에 대한 공포심은 사소해 보이지만 큰 문제를 불러올 수 있습니다. 예방접종 시기를 놓치거나 병원 치료 자체를 거부할 수 있기 때문입니다.

수학에 대해 막연히 두려워하는 마음 역시 부모의 태도와 관련되어 있습니다.

초등학교 1~2학년을 대상으로 수학에 대한 태도를 관찰한 결과 유난히 수학 수업을 싫어하는 아이들에게 공통점이 발견됐습니다. 이제 갓 덧셈과 뺄셈을 배우기 시작했는데 지레 겁먹는 아이들에게는 적극적으로 수학 숙제를 도와주는 부모가 곁에 있었습니다. 이 부모들에게는 한 가지 비밀이 있었습니다.

아이와 함께 문제를 풀고 답을 찾으려고 노력하지만 사실 수학을 싫어하고 두려움을 숨기고 있었던 것입니다.

아이들은 부모와 함께 수학 숙제를 하면서 엄마, 아빠가 품고 있는 수학 공포증을 감지합니다. 자신의 두려움 때문에 아이를 돕는 것이 아는 문제도 풀지 못하거나 쉽게 포기하는 결과를 낳았습니다. 재미있는 사실은 수학 공포증 때문에 숙제를 아예 돕지 않은 부모들은 자녀에게 별다른 영향을 끼치지 않았다는 것입니다.

부모의 사소한 태도로부터 배우는 공포와 두려움.
자신의 두려움 때문에 자녀에게
지나친 간섭을 하고 있지 않습니까?
부모가 일상 속에서 자신의 두려움을 극복하려고
노력하는 모습을 보인다면
자녀 또한 자연스레 도전과 용기를 배우지 않을까요.

피노키오 효과,
아이들에게도 통할까?

네다섯 살 정도의 어린 자녀가 거짓말을 자주 해서 고민이십니까?
아이들은 도대체 왜 거짓말을 하는 것일까요?
또 어른들은 아이들의 거짓말에 어떻게 대처해야 할까요?
아동의 거짓말에 관한 다양한 연구 결과를 알려드립니다.

2014. 10. 16

아이들이 네 살이 되면 스스로 배우는 능력이 있습니다.

4세 아동 90퍼센트가 가지게 된다는 능력, 바로 거짓말입니다. 거짓말하는 아이가 고민인 부모는 이야기를 통해 교훈을 일깨워주려고 합니다. 거짓말할 때마다 코가 길어지는 피노키오 이야기가 대표적인데요. 피노키오가 아이들의 거짓말에 효과를 발휘할 수 있을까요?

10년 넘게 아이들의 거짓말을 연구해온 캐나다 토론토 대학 연구진이 흥미로운 실험 결과를 내놓았습니다.

3~7세 아동 268명을 대상으로 진행한 실험은 간단한 게임과 함께 시작되었습니다. 아이들 등 뒤에 장난감이 있습니다. 아이들은 소리만 듣고 어떤 장난감인지 알아맞혀야 하죠. 처음에는

맞히기 쉬운 소리를 들려주고 점차 난이도를 높입니다. 아이들이 혼란스러워할 때쯤 연구자는 잠시 자리를 비웁니다. 아이들에게 절대 뒤돌아보지 말라고 당부를 남깁니다.

과연 아이들은 어떻게 했을까요? 3세 아동들 88퍼센트, 7세 아동들 68퍼센트가 뒤돌아 장난감을 확인했습니다. 1분 뒤 실험실로 돌아온 연구자는 아이들에게 거짓말을 테스트했습니다. 우선 책을 읽어준 뒤 아이들에게 혹시 장난감을 확인했는지 물어본 것입니다. 아이들에게 들려준 이야기는 정직함과 무관한 토끼와 거북이, 거짓말을 하면 큰 벌을 받는다는 교훈이 담긴 피노키오와 양치기 소년, 거짓말을 고백하면 오히려 칭찬을 받는다는 조지 워싱턴과 체리나무 이야기였습니다.

그 결과, 아이들은 질문을 받기 전에 어떤 이야기를 들었는가에 따라 거짓말에 큰 차이가 났습니다. 거짓말과 아무 상관없는 토끼와 거북이 이야기를 들은 아이들은 3분의 1만이 뒤돌아보았다고 정직하게 고백했습니다. 피노키오와 양치기 소년 이야기를 들은 아이들 또한 3분의 1만이 정직하게 대답했습니다. 아이들 중 3분의 2는 이야기 내용은 아랑곳하지 않고 거짓말을 한 것입니다. 반면 거짓말을 고백한 뒤 칭찬을 받는다는 조지 워싱턴과 체리나무 이야기를 들은 아이들은 절반 넘게 정직한 대답을 했습니다.

연구진은 거짓말을 하면 벌을 받는다는 도덕적인 교훈이 담긴 이야기보다 거짓말을 고백하면 칭찬을 받는다는 긍정적인

이야기가 아이들을 정직하게 만드는 데 더 효과가 있다고 밝혔
습니다.

　복잡한 것 같은 아이들의 세계
　그러나 어찌 보면 참 단순합니다.
　거짓말이 들통날까 봐 두려워하는 마음은
　칭찬 한마디를 통해 용기로 바꿀 수 있습니다.
　한때 아이였던 어른들이 그랬던 것처럼 말입니다.

산타클로스가
정말 있나요? -2016. 12. 07

산타클로스의 진실을 알아차리는 나이가 부모 세대보다 1.5세가량 낮아졌다고 한다.

동심을 지켜주고 싶은 착한 거짓말을 좀 더 믿게 하고 싶은 부모들은 서운할 수 있지만 전문가는 진실을 말해주는 것이 낫다고 조언한다. 언젠가 산타의 진실을 알게 되면 부모에 대한 신뢰가 깨질 가능성이 높다는 것이다. 특히 아이를 통제하기 위한 목적으로 산타클로스를 이용해왔다면, 아이가 느낄 배신감이 더욱 커진다고 한다.

하지만 부모들의 거짓말은 매년 꾸준히 이어지고 있다. 그중 하나가 산타클로스로부터 도착하는 편지다. 캐나다 우정국은 아이들에게 산타클로스에게 편지를 쓰라고 권하기도 한다. 우편번호가 '호호호'인 곳으로 편지를 보내면 답장을 받을 수 있다. 프랑스의 리부른 우체국도 1962년부터 산타에게 도착한 편지에 답장을 보낸다. 산타 대신 답장을 쓰는 자원봉사자들은 '산타의 비서'라고 불리는데, 1962년 첫해 답장은 5,000통이었지만 이제 이메일을 포함해 한 해 수십만 통의 답장을 전 세계로 보내고 있다. 미국과 캐나다가 공동 운영하는 북미 항공우주방위사령부는 1955년부터 산타의 이동 경로를 보여주는 산타 추적 서비스를 제공한다. 크리스마스이브에는 산타의 위치를 묻는 아이들의 전화와 이메일에 일일이 답변을 해주고 있다.

진실이 더 나을 수 있다는 연구에도 그치지 않는 어른들의 착한 거짓말은 어쩌면 산타를 믿었던 어린 시절을 잃어버린 아쉬움을 보여주는 것은 아닐까?

참을성이 많은 아이,
끝나지 않은 마시멜로 실험

참을성이 많은 아이가 사회에서 성공한다는 이야기를 들어보셨나요?
유명한 마시멜로 실험에서 나온 결론입니다.
왜 아이들마다 인내심과 자제력의 정도가 다른 것일까요?
자제력이 성공을 보장하는 열쇠이기만 한 것일까요?
수십 년 동안 진행된 마시멜로 실험들을 통해 절제력에 대한 비밀을 알아봅니다.

2015. 01. 22

1966년, 4세 어린이 653명을 대상으로 인내심에 관한 실험이 펼쳐졌습니다. 참고 기다리면 더 많은 대가를 주겠다고 약속하는, 그 유명한 '마시멜로 실험'이었습니다.

이 실험이 더욱 유명해진 이유는 15년 뒤 발표한 추적 조사 결과 때문입니다. 기다리지 못하고 30초 만에 마시멜로를 먹은 아이와 연구자가 돌아올 때까지 자제력을 발휘한 아이는 대학 입학시험 점수가 210점이나 차이 났습니다. 연구진은 어렸을 때 경험한 참을성과 자제력이 훗날 학업 성적과 사회적 성공에 영향을 미친다고 결론 내렸습니다.

그로부터 23년이 흐른 뒤 연구진은 두 번째 마시멜로 실험을 합니다. 1989년을 살아가는 아이들은 끝까지 기다리는 확률이 더 높았습니다. 무엇이 아이들의 자제력을 키운 것일까요?

첫 번째 비밀은 마시멜로에 덮여진 뚜껑입니다. 연구진은 마시멜로 실체를 가려 아이들을 유혹에서 차단해보았습니다. 실제로 1966년 실험에서는 평균 8분 32초 동안 기다리는 아이들이 평균 11분 동안 자제력을 발휘했습니다. 몇몇 아이에게는 기다리는 방법을 알려주기도 했습니다. 연구진이 돌아올 때까지 재미있는 상상을 하거나 마시멜로가 먹고 싶은 마음이 들 때마다 맛없는 솜뭉치나 구름을 떠올리라고 일러준 것이죠. 기다리는 방법을 알게 된 아이들은 다른 아이들보다 긴 평균 13분 동안 욕구를 참고 견뎠습니다.

연구진은 아이들의 자제력은 기다리는 방법을 아느냐 모르느냐에 달려 있다는 두 번째 결론을 내렸습니다.

세 번째 마시멜로 실험은 2013년에 발표되었습니다.

28명의 아이들이 크레파스가 놓인 책상 앞에 앉았습니다. 교사는 색종이와 찰흙을 나눠주겠다면서 잠시 기다리라고 말합니다. 교사는 약속대로 14명에게는 색종이와 찰흙을 주고, 나머지에게는 약속을 지키지 않았습니다.

그리고 마시멜로 실험이 이어졌습니다. 그 결과, 신뢰를 경험한 14명은 평균 12분 이상을 기다렸습니다. 그중 9명은 교사가 돌아올 때까지 마시멜로를 건드리지 않았습니다.

교사가 약속을 지키지 않은 14명은 어땠을까요? 교사가 약속을 어긴 아이들이 기다린 시간은 평균 3분에 불과했습니다. 14명 중 단 1명만 교사를 끝까지 기다렸습니다.

세 번째 실험을 담당한 연구진은 아이들이 기다리지 않는 이유는 참을성이 부족해서가 아니라 어른의 말을 믿지 않았기 때문이라고 밝혔습니다.

시대마다 다른 아이들의 참을성.
스스로 견디든, 참는 방법을 배우든,
어른의 말을 신뢰하든
마시멜로는 그대로인데,
그때그때 달라진 어른의 태도에 따라
실험 결과가 달라진 건 아닐까요?

마시멜로는 미래를 알지 못한다 -2018. 06. 29

눈앞에 놓인 달콤한 마시멜로 실험은 전 세계 많은 부모가 양육 기준으로 삼을 만큼 자기 통제력의 중요성을 각인시켜왔다. 하지만 앞서 보았듯 마시멜로 하나로 아이들의 미래를 예측할 수 있는지에 대해선 늘 의문이 따랐고 재실험이 반복되었다. 최근 미국의 연구진은 마시멜로 실험 결과에 대해 전혀 다른 해석을 내놓았다.

1998년, 미국 연구진이 4세 아동 918명을 대상으로 마시멜로 실험을 재현했다. 이 실험에서는 아이들의 다양한 취향을 고려해 마시멜로뿐만 아니라 초콜릿과 동물 모양 과자도 추가했고, 연구자가 돌아올 때까지 기다려야 하는 시간은 15분에서 7분으로 단축했다. 원래 실험과 가장 달랐던 점은 다양한 가정환경의 아이들이 실험에 참가했다는 것이다. 고학력자 부모를 둔 자녀에 한정했던 과거와 달리 부모의 학력 수준과 경제 형편을 다양하고 폭넓게 적용했다.

1998년 실험 이후 진행된 장기 추적을 통해 연구진이 얻은 결론은 4세에 아이들이 보여준 결과와 청소년기의 학교생활과 성적은 아무런 관계가 없다는 것이다. 유혹을 참은 아이들과 참지 못한 아이들의 차이를 가르는 데 자제력이나 의지가 차지하는 비중은 미미했고, 자기 통제력이 없어서 참지 못한 게 아니라는 것이다. 어떤 아이들에게는 확신할 수 없는 다음 기회를 기다리는 것보다 마시멜로가 있을 때 그냥 먹어치우는 게 더 똑똑하고 나은 선택일 수 있다는 것이다.

연구진은 부모들이 마시멜로 실험 결과를 자녀의 성공과 실패로 결부시키는 것을 경계해야 한다고 조언한다. 오늘도 무수한 '마시멜로'라는 시험대에 오르는 아이들. 부모가 발견해야 할 것은 작은 마시멜로가 결코 가릴 수 없는 내 아이의 잠재된 가능성이 아닐까?

체벌,
돌이킬 수 없는 결과

부모에게 학대받은 아이들의 사연이 잊힐 만하면 들려옵니다.
아동 학대의 79퍼센트가 가정에서 발생하지만 가해자인 부모들은 한결같이
'사랑의 매'로 포장하면서 훈육 차원이었다고 항변합니다.
체벌이 법적으로 금지된 국가가 60개국에 이르는 현실에서 부모가
아이들의 삶에 새기는 아픈 상처들을 함께 살펴봅니다.

2015. 05. 07 / 2020. 06. 19

1960년대, 부모 열에 아홉은 자녀에게 체벌을 한다고 고백한 나라가 있었습니다. 그로부터 50년이 흐른 2010년, 이 나라에서 아이들을 매로 다스린다고 대답한 부모는 10퍼센트에 불과했습니다.

한때 자녀 체벌을 당연하게 여겼던 스웨덴. 부모의 양육 태도를 획기적으로 바꾼 계기는 '가정 내 체벌 금지법'이었습니다. 1979년, 세계 최초로 '자녀 체벌 금지'를 법에 명시한 스웨덴은 부모의 훈육과 징계 범위에 체벌은 포함되지 않는다는 것을 명확히 선언했습니다.

당시 스웨덴에서는 체벌 금지법이 부모 권리를 빼앗고, 모든 부모를 잠재적인 범죄자로 만든다는 반대 의견이 거셌습니다. 하지만 스웨덴 정부는 법 제정과 동시에 비폭력 양육법을 대대

적으로 홍보하고 교육했고, 결국 '때리지 않고도 자녀를 성공적으로 키울 수 있다'는 사회적 공감대를 이뤘습니다.

실제로 자녀 체벌 금지를 법에 명시한 나라에서 일어난 두드러진 변화는 오랫동안 자녀 체벌을 필요악이나 긍정적인 방법으로 여기던 사고의 전환이었습니다. 2000년, 자녀 체벌 금지법을 제정한 독일도 가벼운 체벌은 괜찮다고 응답한 부모의 비율이 83퍼센트에서 8년 후에는 25퍼센트로 크게 줄었습니다.

1979년에 스웨덴을 시작으로 유럽 대부분 국가와 뉴질랜드, 2020년 법이 시행된 일본까지 자녀에게 체벌을 법으로 금지한 나라는 60개국에 달합니다.

자녀에게 가혹한 발언을 한 적이 있습니까?

체벌뿐만 아니라 부모가 무심코 내뱉은 악담 또한 매 못지않게 아이들 마음에 생채기를 남깁니다.

13~14세 자녀를 키우는 미국 부모들에게 질문해본 결과 어머니 45퍼센트, 아버지 42퍼센트가 가혹한 발언을 한 적이 있다고 답했습니다. 게으르다, 어리석다, 모자라다… 이런 말을 듣고 자란 아이들은 비행을 저지를 가능성이 높았습니다. 자녀의 잘못된 행동에 부모가 악담으로 반응하면 또다시 잘못된 행동을 낳는 악순환이 거듭되는 것입니다.

부모에게 일주일에 이틀 이상 악담을 들은 아이들은 결국 부모 말대로 스스로를 가치 없다고 느끼며 우울증에 빠질 확률도

높았습니다. 25년 동안 이러한 환경에 놓인 아이들을 추적 조사
한 연구에 따르면 43세 중년이 된 이들의 삶은 10대 시절 경험
한 감정과 밀접한 연관이 있었습니다. 고등학교 시절에 미처 치
유하지 못한 우울과 분노가 평생 따라다니며 직업, 결혼, 자녀
문제까지 인생의 결정적인 시기에 영향을 미쳤습니다.

　연구진은 청소년기에 부모에게 어떤 말을 듣고, 어떻게 성장
하는가에 따라 25년 후 행복에 절대적인 영향을 미친다고 말합
니다. 부모에게 지속적인 언어폭력을 당한 이들은 뇌에서 기억
을 처리하는 해마 용량이 줄어들고 위축돼 쉽게 불안해지고 우
울증에 시달릴 확률이 높다는 것입니다.

　부모의 사소한 말 한마디가 자녀들에게는 평생을 좌우하는 비

수가 되는 까닭. 그것은 부모라는 존재가 아이들에게 최초의 어른이며 가장 가까이 있는 삶의 롤 모델이기 때문은 아닐까요?

우리나라는 오랫동안 체벌을 허용했습니다.
숱한 아이들이 억울한 죽음으로 내몰린 뒤,
뒤늦게 2021년 자녀 체벌 금지법이 통과됐지만
여전히 체벌 없이 어떻게 아이를 키우느냐고 묻는 부모,
체벌을 두려워하는 아이들에게 '사랑의 매'라는
답을 내놓았던 사회의 흔적은 곳곳에 남아 있습니다.
법에 의존하기 전에 부모가 무심코 내뱉는 말,
관심이 미치지 못하는 그늘을
다시 한 번 살펴봐야 할 때가 아닐까요?

매 맞는 아이들의 움츠린 뇌 —2015. 01. 29

체벌이 아이들에게 남기는 돌이킬 수 없는 결과는 마음뿐만 아니라 학습에도 분명한 영향을 미친다.

미국 듀크 대학 연구진은 부모가 손바닥으로 엉덩이를 때리는 체벌인 '스팽킹 (spanking)'이 아이들에게 어떤 영향을 주는지 분석했다. 그 결과, 한 살에 스팽킹을 경험한 아이들은 두 살이 되었을 때 다른 아이들보다 더 폭력적이고 공격적이었다. 세 살 때 한 번에 한두 차례 엉덩이를 맞은 경험이 있는 아이들은 다섯 살이 되었을 때 한 번도 맞은 적 없는 아이들보다 공격성이 50퍼센트나 높았다. 그리고 다섯 살 때 체벌을 경험한 아이들은 초등학교에 입학했을 때 더 공격적인 성향을 보였다. 체벌이 정기적이었든 부정기적이었든 아이들이 갖게 되는 공격성에는 차이가 없었다. 차이가 있다면 아버지에게 정기적으로 체벌을 당했을 때 어휘력도 떨어졌다는 것이다. 결국 아이들에게 체벌을 하는 것은 폭력을 가르치는 결과를 낳는다.

그렇다면 평소 자녀와 좋은 관계를 유지하는 부모의 체벌은 어떨까? 미국에 거주하는 3,200명을 분석한 결과 체벌은 평소 부모와 자녀 관계와는 상관없이 아이의 공격성을 높였다. 체벌이 공격성과 함께 야기하는 심각한 후유증은 바로 IQ 저하이다. 2~4세 유아 806명과 5~9세 아동 704명을 대상으로 추적 조사한 결과 체벌을 경험한 2~4세 유아는 4년 뒤 IQ가 평균 5점, 5~9세 아동은 4년 뒤 평균 2.8점이 낮아졌다. 실제로 체벌에 관대한 국가의 아이들은 체벌을 금지하는 국가의 아이들보다 평균 IQ가 낮았다.

교육이라는 이름으로 행해지는 체벌. 지능지수를 떨어뜨리고 공격성을 키운다면 과연 그것을 교육이라고 부를 수 있을까?

체벌 대신
명상의 시간

미국 학교에 등장한 새로운 훈육 방법이 큰 호응을 얻고 있습니다.
잘못을 저지른 학생에게 곧바로 벌을 주지 않고 마음을 다스리는 방법을
가르쳐주는 것입니다. 학생들은 분노를 조절하는 법을 배우고,
학교는 정학률을 낮추는 데 큰 효과를 보인다고 합니다.
어떤 프로그램인지 함께 알아봅니다.

2019. 06. 17

"잘했어요, 호흡 좋아요. 들이마시고…. 여러분이 사랑하는
사람을 떠올려봐요. 진정으로 아끼는 사람을요."

잘못을 저지른 아이에게 무거운 벌 대신 요가와 명상 시간을
제공하는 학교가 있습니다.

흔히 '방과 후 1시간 이상 격리'라는 벌을 내리던 학교는 왜
이런 선택을 한 것일까요?

"학생들에게 뭔가 새로운 기회를 줘야 한다고 생각했어요. 마
음을 치유하고, 삶이 변화하는…. 말썽을 피운 아이에게 가장
필요한 건 갈등이 생길 때 능동적으로 소통하는 방법이라고 생
각해요."

포트 워싱턴 초등학교 교장 선생님은 체벌 대신 요가와 명상
수업을 마련한 까닭을 이렇게 설명합니다. 전문 강사가 진행하

는 수업은 실제로 아이들에게 큰 도움을 주고 있습니다.

"화를 다스리는 데 도움을 준다."

"집에서도 짜증이 나거나 스트레스를 받으면 요가를 한다."

차분하게 나를 돌아볼 수 있는 시간을 통해 아이들은 조금씩 변화했습니다.

체벌보다 훨씬 효과적인 훈육 방법을 선택한 학교는 많은 정치인과 문화예술인이 주목하고 박수를 받았습니다.

미국 민주당 상원의원인 코리 부커(Cory Booker)는 자신의 SNS에 "청소년들이 감옥으로 가는 악순환을 막을 수 있는 아주 좋은 혁신적이고 사려 깊은 프로그램이다."라고 극찬했습니다.

민주당 하원의원인 일한 오마(Ilhan Omar)도 "방과 후 격리 대신 요가와 명상을 가르치다니 100점이다. 더 많은 학교가 이런 프로그램을 해야 한다."고 학교의 선택을 지지했습니다.

많은 아이들을 가르친 경험이 있는 민주당 하원의원인 알렉산드리아 오카시오코르테스(Alexandria Ocasio-Cortez)는 문제 행동을 하는 아이들을 바로잡을 수 있는 것은 징계와 체벌이 아니라 마음을 치유할 수 있는 기회라는 글을 남겼습니다.

가수 브랜든 보이드(Brandon Boyd)도 학교의 새로운 선택을 응원했습니다.

"더 많은 학교가 이런 간단한 변화를 준다고 상상하면 우리 사회가 더 멋진 곳이 될 것 같다."

잘못한 대가로 텅 빈 교실에 홀로 남은 아이,
어른들의 도움으로 호흡하고 마음을 들여다보는 아이.
혼자 잘못을 찾아 헤매는 시간,
내 잘못을 깨닫는 방법을 배우는 시간.
우리 학교는 어떤 시간이 효과적이라고 믿었던 것일까요?
아이들의 잘못을 옭매는 체벌의 시간에 대해
학교가 먼저 되돌아봐야 할 시간입니다.

성교육,
10대의 눈높이를 찾아라

청소년 성교육을 둘러싼 논쟁은 해외라고 다르지 않습니다.
핵심은 시대에 뒤떨어진 기존 성교육의 내용과 형식을
어떻게 바꾸느냐 하는 문제인데요.
오늘을 사는 청소년에게 딱 맞는 성교육을 찾으려는
논의를 통해 우리 현실도 함께 되돌아봅니다.

2016. 01. 27 / 2017. 12. 15

학교에서 가르치는 성교육은 10대에게 꼭 필요할까요?

되레 위험한 행동을 부추기는 불필요한 교육은 아닐까요?

2017년, 미국 위스콘신주에 위치한 니나스쿨 위원회는 학교
내 성교육 내용을 개정하기 위해 투표를 실시했습니다. 이제 사
춘기에 접어드는 8학년을 대상으로 피임법을 적극적으로 가르
쳐 10대 임신율을 낮추겠다는 내용이었습니다. 하지만 많은 부
모가 교실에서 노골적인 성교육이 부적절하다면서 반대 목소
리를 높였습니다.

학자들은 영상을 활용한 시각적인 성교육을 강화해야 한다
고 주장하지만, 오히려 10대의 위험한 행동을 부추긴다는 주장
도 만만치 않습니다.

영국에서는 유럽 최고 수준인 10대 임신율을 낮추기 위해 1999년 이후 학교 성교육에 막대한 지원을 했습니다. 하지만 정작 10대 임신율은 성교육 지원금이 감소한 2010년 이후 줄어들기 시작했습니다. 그러나 성교육 무용론에 대해 많은 전문가는 성교육은 피임뿐만 아니라 크고 작은 성범죄를 인지하는 능력과 건강한 인간관계를 가르칠 수 있는 중요한 수단이라고 강조합니다. 그렇다면 학교가 아니라 부모가 직접 성교육을 하면 어떨까요?

2010년, 영국 정부 통계에 따르면 이미 성경험이 있는 16~18세 청소년 절반 이상이 부모 역할에 대해 아쉬움을 표현했습니다. 만약 부모에게 안전한 피임법과 올바른 정보를 배울 수 있

었다면 보다 안전한 행동을 했을 것이라고 대답한 것입니다.

실제로 평균 나이 15세 청소년 2만 5,000명을 대상으로 실시한 25개 연구를 분석한 결과 부모와 성에 관해 대화를 나눈 경험은 10대의 성 인식에 큰 영향을 미쳤습니다. 부모에게 성교육을 받은 경험이 있는 10대는 첫 성관계 시기가 늦었을 뿐만 아니라 피임 등 안전한 성관계를 중요하게 여겼습니다. 특히 아빠보다는 엄마와 대화했을 때, 아들보다는 딸에게서 더 긍정적인 효과를 불러일으켰습니다.

그렇다면 성에 관한 첫 대화를 언제 시작하는 것이 좋을까요? 전문가들은 10~14세 사이에 본격적인 성교육을 시작하라고 조언합니다. 늦어도 자녀가 15세 되기 전에 성에 관한 첫 대화가 이루어져야 한다는 것입니다. 자녀가 15세 이상이 되면 신체가 발달하고 부모와 심리적 격차가 커져 대화를 꺼리기 때문입니다.

몸이 먼저 어른을 맞이해버린 아이들이
많아지고 있는 현실에서 성(性)을 둘러싼 교육은
더 이상 학교 안에 숨어 있을 수 없습니다.
딱딱한 수업을 통해 성을 이야기하기 전에
아이들이 자신의 성장을 부끄러워하지 않고 당당하게
받아들일 수 있는 세상이 먼저 필요하지 않을까요?

디지털 육아,
아이의 뇌가 느려진다

디지털 육아라는 말을 들어보셨나요?
아이를 돌볼 때 텔레비전이나 스마트폰 같은 디지털 기기를 활용하는
비중이 늘면서 생긴 말입니다. 이 디지털 육아가 5세 미만 유아들의
두뇌 성장을 방해할 수 있다는 새로운 연구가 나왔습니다.
특히 언어 능력이 뒤처질 수 있다는 우려가 깊습니다.
스마트폰 시대, 육아의 의미에 대해 함께 고민해봅니다.

2019. 04. 30 / 2019. 12. 06

태어나서 다섯 살까지 두뇌는 폭발적으로 성장합니다.

생후 첫 5년 동안 1초마다 100만 개 이상 두뇌 신경이 연결되며 성인 두뇌의 90퍼센트까지 발달하는 것입니다. 보고 듣고 만지는 모든 행동이 두뇌에 영향을 미치는 이 시기에 아이들이 접하는 디지털 기기는 뇌 성장에 어떤 영향을 미칠까요?

미국 신시내티 아동병원이 뇌가 성장하는 결정적인 시기에 놓인 만 2~5세 아동 47명을 대상으로 소규모 연구를 진행했습니다. 연구진은 아이들이 텔레비전과 스마트폰, 태블릿 PC 등 디지털 기기를 하루 평균 얼마나 보는지 분석했습니다. 평균 시청 시간은 2시간가량으로, 미국 소아과학회가 권고하는 최대 1시간이 훌쩍 넘었습니다.

 뉴스G

연구진은 뇌 MRI 촬영을 통해 디지털 기기를 보는 시간이 긴 아이들일수록 뇌의 신경 전달 속도와 학습 기능을 담당하는 뇌 회백질의 발달이 느리다는 것을 발견했습니다. 이후 실시한 언어 능력 측정 검사에서도 생각과 감정을 언어로 말하는 표현 능력과 사물 이름을 빠르고 정확하게 말하는 정보 처리 능력이 낮은 것으로 나타났죠.

또 다른 연구에 따르면 디지털 기기를 하루 평균 30분 미만 시청한 3세 유아와 2시간 이상 시청한 3세 유아를 추적 조사한 결과, 2년 뒤 5세가 되었을 때 전혀 다른 성향을 가진 아이로 성장한다는 사실을 밝혀냈습니다. 2시간 이상 디지털 기기에 사로잡힌 아이들은 주의력결핍장애(ADHD) 진단을 받을 확률이 7배나 높았습니다. 또한 부주의하거나 산만한 성향의 아이로 자랄 가능성도 5배나 됐습니다.

연구진은 뇌 성장에 가장 중요한 시기인 생후 첫 5년 동안 부모가 무심코 보여주는 디지털 화면이 자녀의 뇌 성장을 방해할 수 있다고 경고합니다. 유아의 뇌 발달에 필요한 자극은 화면 속이 아니라 화면 밖에 존재하는 실제적인 자극이라는 것이죠.

미국 소아과학회는 육아 보조수단으로 디지털 기기를 사용하는 부모들에게 피해를 최소화할 수 있는 엄격한 가이드라인을 제시합니다. 생후 18개월까지는 텔레비전을 포함해 디지털 기기를 절대 보여줘서는 안 되며 18개월 이후부터 24개월까지는 부모가 선택한 양질의 프로그램을 아이 혼자가 아니라 부모와

함께 시청해야 합니다. 만 2~5세 아이들에게 허용되는 시청 시간은 하루 최대 1시간입니다. 또한 무조건 금지하는 것보다 간단한 규칙이 있는 운동이나 놀이를 포함하는 게 효과적이라고 말합니다. 조직화된 신체 활동이 디지털 기기를 사용하는 시간을 자연스레 줄여주고, 스스로 즐거움을 찾는 재미를 알게 해준다는 것이죠.

물론 디지털 기기를 사용하는 시간을 제한하는 것에 회의적인 시각도 있습니다. 영국 옥스퍼드와 카디프 대학 연구진은 15세 청소년 12만 명의 디지털 기기 사용 시간을 분석한 결과, 일상생활을 방해하지도 않고 오히려 좋은 영향을 미치는 새로운 시간 기준을 제시했습니다. 이른바 골디락스 존, 골디락스 타임으로 뜨겁지도 차갑지도 않은 동화 속 골디락스 스프처럼 더할 나위 없이 좋은 상태를 의미합니다.

컴퓨터 사용의 골디락스 존은 4시간 17분, 스마트폰은 1시간 57분, 비디오게임은 1시간 40분까지 허용해도 됩니다. 텔레비전 시청이나 영화 감상은 3시간 41분이 넘으면 그때서야 부작용이 나타납니다. 청소년의 디지털 기기 사용을 중독과 제한, 금지의 관점에서 볼 것이 아니라 그들만의 고유한 일상으로 인정해야 한다는 목소리도 일견 설득력이 있습니다.

디지털 기기가 부모와 자녀를 단절시키는 풍경은 모두가 인정할 수밖에 없는 부분입니다. 부모 세대와 달리 디지털 시대의 중심에 살고 있는 자녀들을 위한 더 지혜로운 선택은 과연 어떤 것일까요?

식당에서 부모가 웃고 떠드는 동안
유모차에 앉아 스마트폰에 사로잡힌 아이,
부모와 자녀가 거실에 나란히 누워
저마다 텔레비전과 손에 쥔 스마트폰만 들여다보는 모습은
이제 너무 흔한 풍경입니다.
똑똑한 디지털 기기에 빼앗긴 육아,
진짜 똑똑한 아이로 키우기 위해 필요한 건
흥미진진한 가짜 세계가 아니라
온몸으로 느끼는 진짜 세상이 아닐까요?

게임에 빠진 아이들은
죄가 없다?! —2016. 07. 06

다섯 살 이전 디지털 기기에 사로잡힌 아이들의 모습만큼 성장한 자녀들이 게임에 빠져 고민인 부모가 많다.

게임 삼매경에 빠진 아이들과 불호령을 내리며 금지하는 부모. 부모의 걱정처럼 게임은 자녀에게 나쁜 영향만 끼칠까?

미국과 프랑스의 공동 연구진이 게임을 즐기는 아이들과 게임을 전혀 하지 않는 아이들을 비교해 분석했다. 분석 대상은 6~11세 어린이 3,195명. 이들 중 게임을 하는 어린이 5명 중 1명은 일주일에 5시간 이상 컴퓨터 앞에서 시간을 보냈다. 그런데 기존 통념과는 상반된 연구 결과가 나왔다. 게임을 하는 어린이가 게임을 안 하는 어린이보다 우수했기 때문이다. 인지력과 학교 성적도 높았고 친구와의 관계도 더 좋았다. 그렇다면 게임에 빠진 자녀를 그냥 내버려두어도 상관없는 것일까? 연구진은 게임이 주는 긍정적인 효과를 지속시키려면 부모가 늘 게임 시간을 관리해야 한다고 조언한다.

영국 옥스퍼드 대학 연구진에 따르면 하루 1시간 이하가 가장 적당하다고 한다. 10~15세 어린이 5,000명을 대상으로 게임 시간이 주는 효과를 분석한 결과 사회성과 행복 지수가 가장 높았던 집단은 하루 1시간 이하로 게임을 하는 어린이들이었다. 이들은 게임을 전혀 하지 않는 어린이보다 폭력성도 낮고 문제 행동을 일으킬 위험도 적었다. 하지만 3시간 이상 게임에 몰입하면 문제가 달라졌다. 성적도 낮아지고 공격성이 두드러졌다.

부모는 자녀가 즐기는 게임 내용보다는 즐기는 시간에 더 관심을 기울여야 한다. 게임에 빠진 아이들에게 감시와 통제보다 합리적인 타협안을 제시해보면 어떨까. 디지털 기기로 둘러싸인 세계, 부모의 역할은 더욱 섬세하고 복잡해졌다.

디지털 기술을 거부하는 실리콘밸리의 부모들

미국 캘리포니아에 위치한 실리콘밸리는 최첨단 디지털 기술의 메카입니다.
온갖 신기술로 무장한 교육이 성행할 것 같지만
실리콘밸리 부모들의 자녀 교육은 상상을 빗나갑니다.
텔레비전이나 스마트폰 등 일체의 디지털 기기 사용을 철저하게 차단하며
'디지털 제로' 환경을 만들어주려고 노력하는데요.
그 이유는 무엇인지 함께 알아봅니다.

2018. 11. 13

칠판과 분필을 사용하는 교실.

컴퓨터나 교육용 모니터 하나 찾아볼 수 없는 학교.

마치 오래전 과거로 돌아간 듯한 이 학교가 위치한 곳은 실리콘밸리 중심부. 학부모 70퍼센트 이상이 첨단 디지털 기술 분야에서 종사하고 있습니다.

2018년, 〈뉴욕타임스〉는 실리콘밸리 부모들의 교육 관심사를 자세히 소개했습니다. 그 핵심은 자녀들이 디지털 기술을 사용할 수 없는 환경을 만들기 위해 모든 노력을 기울인다는 것입니다.

부모들이 앞장선 덕분에 '디지털 제로' 교육은 굳건하게 자리 잡았습니다. 학교 바깥에서 미래 기술이 실현되는 동안 공교롭게 아이들은 어떤 디지털 기기에도 노출되지 않습니다. 아이들

을 돕는 돌보미 채용 계약서에는 "아이들 앞에서 절대 스마트폰을 사용해선 안 된다." 하는 조항까지 명시돼 있습니다. 돌보미로 종사하는 조딘 올트먼(Jordin Altman)은 "실리콘밸리에서 일하는 거의 모든 부모가 아이들이 디지털 기기를 경험하지 못하도록 열성을 보이고 있다."고 증언합니다.

첨단 기술과 가장 가까이 있는 그들이 왜 자녀들에게 디지털 기기 사용을 용납하지 않는 것일까요?

실리콘밸리 부모들은 디지털 기기 중독을 피할 수 없기 때문에 사용 시간을 제한하는 것은 대처법이 될 수 없고 완전한 차단만이 정답이라고 판단합니다. 자녀에게 디지털 기술 없는 교육 환경을 조성해주려는 노력은 실리콘밸리를 넘어 미국 부유

충 부모들의 교육 트렌드로 확산되며 또 다른 빈부 격차 양상을 드러내고 있습니다. 실제로 아이들이 디지털 기기를 사용하는 시간에 따라 부모의 소득도 큰 차이가 납니다. 스스로 생각하는 힘을 빼앗는다고 우려하는 디지털 기기로부터 아이들을 떼어 놓는 노력조차 부모의 시간적·경제적 여유에 따라 차별이 발생한다는 것이죠. 누구에게나 열려 있는 디지털 환경에 대한 개념도 완전히 달라졌다는 분석입니다.

IT 평론가 크리스 앤더슨(Chris Anderson)은 디지털 격차를 이렇게 진단합니다.

"이제는 디지털 기술에 대한 접근을 누가 잘 차단하느냐에 따라 새로운 디지털 격차가 생긴다."

과거에는 '누가 사용할 수 있는가' 하는 접근의 문제였다면 현재에는 '누가 더 잘 차단하느냐'로 아이들의 학습 능력이 달라지는 디지털 격차가 발생하는 아이러니의 시대라는 것입니다.

내 아이는 디지털 기술이 없는 환경에서
키우겠다는 실리콘밸리 부모들.
그들의 판단은 시대착오적인 것일까요,
아니면 세상 모든 부모에게 전하는 솔직한 고백일까요.
어쩌면 교육 격차가 자아내는 또 다른 진풍경은 아닌지,
그렇다면 정작 아이들의 마음은
어디에 있는지 궁금해집니다.

스티브 잡스는
구식 아빠? —2015. 07. 16 / 2018. 01. 26

2018년, 아이폰 제조사 애플에 공개편지가 전해졌다. 주요 주주인 행동주의 투자펀드 자나 파트너스(Jana Partners)와 캘리포니아주 교직원 퇴직연금 캘스타스(CalSTRS)가 애플이 청소년들의 스마트폰 중독을 연구하고, 부모가 자녀의 스마트폰을 손쉽게 제한할 수 있는 장치를 만들어달라는 요구였다. 투자자들이 행동에 나선 이유는 2017년 11월에 발표된 연구 결과 때문이었다.

미국의 심리학자 진 트웬지(Jean M. Twenge) 교수는 소셜 미디어와 스마트폰의 영향을 받고 자란 세대를 아이젠(iGen)이라 명하며 이들 50만 명을 5년간 추적했다. 그리고 스마트폰이 아이젠 세대의 정신건강에 미치는 영향을 사용 시간에 따라 수치화했다. 스마트폰을 하루 동안 3시간 이상 사용하는 청소년은 1시간 미만보다 절망과 자살 충동을 느낄 가능성이 30퍼센트 이상 높았다. 따라서 전화와 카메라, 음악 듣기 정도로 기능을 최소화한 휴대폰을 사용하게 하고 인터넷과 소셜 미디어는 차라리 컴퓨터를 사용하게 하라고 제안했다.

2011년 세상을 떠난 애플 창업자 스티브 잡스라면 이 편지에 어떤 반응을 보였을까.

그 대답을 짐작해볼 수 있는 일화가 있다. 2010년 아이패드가 공개되면서 선풍적인 인기를 끌 때 한 기자가 자녀들도 아이패드를 좋아하느냐고 질문을 던졌다. 그에게는 당시 열아홉 살, 열다섯 살, 열두 살 아이들이 있었다. 스티브 잡스는 의외의 대답을 했다. 자신의 아이들은 아이패드뿐만 아니라 집에서 IT 기기를 마음대로 사용할 수 없다는 것이다.

스티브 잡스뿐만 아니라 트위터와 블로그를 세상에 내놓은 에번 윌리엄스(Evan Williams) 등 첨단 기술 분야에 종사하는 CEO들은 오히려 자녀들의 모바일 기기 사용을 엄격하게 제한한다고 밝혔다. 그들은 자녀가 최소 14세가 될 때까지 스마트폰을 사주지 않고, 구입한 뒤에도 통화와 문자메시지만 가능할 뿐 인터넷 쇼핑이나 소셜 네트워크 사용은 금지했다. 사용 시간에도 제한을 두었다. 10세 미만 자녀는 주말에만 30분~2시간으로 한정해 모바일 기기를 사용할 수 있고, 10~14세 자녀들은 주중과 방과 후에 사용을 허용했지만 그 용도는 숙제로 제한했다.

최첨단 기술에 대해 누구보다 잘 이해하는 CEO들이 자녀들에게 엄격한 룰을 적용하는 이유는 득과 실을 꿰뚫어보고 있기 때문은 아닐까. 아이들이 화면 속 세상에 몰입할수록 화면 밖에서 경험할 수 있는 소통과 경험의 기회는 줄어든다. 보스턴 대학 연구진은 아이가 소란을 피우거나 울 때마다 스마트폰을 쥐여주는 부모의 행동에 경고를 보낸다. 그것은 아이의 기분을 전환시키는 것이 아니라 스스로 감정과 행동을 절제하는 법을 연습할 기회를 빼앗는 것이라고. 그 소중한 기회를 박탈한 사람은 다름 아닌 부모라고. 하지만 혁신적인 아이디어로 무장한 부모들이 가장 보수적인 교육법을 선택하는 현실에서 그 책임을 과연 보통 부모에게만 전가할 수 있는 것일까.

어린이에게
시간을 선물하세요

우리나라 어린이들의 행복 지수는 해마다 세계 최하위권에 머물러 있습니다.
무엇이 어린이들의 행복을 가로막고 있는 것일까요?
학업 성적에만 관심을 기울인 채 외면한 어린이들의 행복 성적.
어린이들의 속마음을 함께 들여다보며
아이들이 바라는 행복에 대해 함께 고민해봅니다.

2016. 05. 05

"지난 2주 동안 얼마나 행복했나요?"

한국을 포함한 15개국 어린이들에게 던져진 질문입니다.

집과 학교, 가족과 친구 등 일상에서 느끼는 행복에 대해 14개국 어린이들은 10점 만점에 8점 이상의 점수를 주었습니다. 그런데 한 나라의 어린이들만 7.5점이라는 낮은 점수를 주었는데요. 바로 한국의 어린이들입니다.

왜 우리나라 어린이들은 자신이 덜 행복하다고 느끼는 것일까요?

연구진은 각 나라 어린이들이 어떤 물건을 소유하고 있는지도 물었습니다.

컴퓨터, 자동차, 학교에 입고 갈 좋은 옷 등 제시된 9개 물건

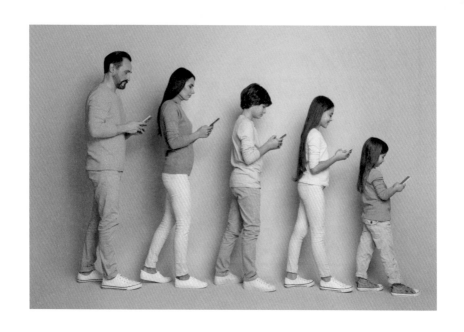

중 한국 어린이들이 소유하고 있는 것은 8.5개였습니다. 평균 8.8개를 소유한 노르웨이 어린이들과 함께 가장 많은 물건을 소유한 어린이들이었습니다. 하지만 자신이 소유한 물건에 대한 만족도는 덜 가진 나라의 어린이들보다 낮았습니다.

더욱이 자기 자신에 대한 만족도는 최하위였는데요. 외모에 대한 만족도는 평균 8.44점보다 낮은 7.22점, 신체에 대한 만족도 역시 평균 8.47점보다 낮은 7.38점을 스스로에게 부여했습니다. 다른 나라 어린이들에 비해 자신을 긍정적으로 평가하는 데 인색한 것입니다.

하지만 우리나라 어린이들이 다른 나라 어린이들보다 가장 높은 만족도를 보인 항목이 있습니다. 바로 가족입니다. 그러나 가족을 중요하게 여기는 어린이들의 마음과 달리 가족과 함께 즐거운 시간을 보내지는 못했습니다.

2015년, OECD가 발표한 〈삶의 질 보고서〉를 통해 우리나라 어린이들이 어떤 일상을 원하는지 짐작해볼 수 있습니다.

어린이들이 부모와 함께 보내는 시간은 OECD 국가 평균 151분으로 2시간 30분이 넘었습니다. 하지만 우리나라 어린이들은 부모와 함께하는 시간이 1시간도 채 안 되는 평균 48분에 불과했습니다. 특히 아빠가 자녀와 교감하는 시간은 하루 6분, 함께 놀아주거나 신체적으로 돌봐주는 시간은 단 3분에 지나지 않았습니다. OECD 평균 47분과 비교하면 턱없이 부족한 시간이었습니다.

오늘 아이와 함께한 시간은 얼마입니까?
같은 공간에 머물고 있지만 눈을 맞추거나
이야기를 나눈 시간은 또 얼마나 되나요?
수년이 지났지만 우리나라 어린이들이 느끼는 행복은
여전히 꼴찌에 머물고 있습니다.
어린이들이 바라는 가장 기쁜 성적,
그리고 부모가 줄 수 있는 가장 값진 선물은
바로 함께하는 시간이 아닐까요.

아이들과 놀아주지 않는 부모를 고발합니다 -2018. 11. 30

2018년 9월 독일 함부르크 거리. 150여 명의 아이들과 학부모가 피켓을 들고 행진을 펼쳤다. 이들이 거리로 나선 이유는 부모가 스마트폰만 보느라 자녀와 놀아주지 않기 때문이었다. 최근 연구에 의하면 부모가 텔레비전이나 컴퓨터, 태블릿 PC나 스마트폰에 사용하는 시간이 하루 중 평균 9시간에 달하는 것으로 나타났다.

이 시위를 주최한 일곱 살 에밀 루스티게(Emil Rustige)는 평소 아빠와 놀거나 이야기하고 싶을 때 아빠가 스마트폰만 봐서 무시당한다는 느낌을 받았다고 목소리를 높였다. 아빠의 관심을 끌기 위해 스마트폰과 경쟁해야 하는 게 더는 싫고, 그래서 아빠에게 자신의 감정을 얘기했고 시위를 열기로 결정한 것이다. 에밀의 부모는 아들을 도와서 온라인에 시위 계획을 알렸고, 수많은 사람이 관심과 지지를 보였다. 에밀은 "이 시위 이후로는 어른들이 스마트폰에 너무 많은 시간을 쓰지 않았으면 좋겠어요." 라고 강조했다.

2018년 6월, 학술지 〈소아과학연구〉에 게재된 논문에 의하면 부모가 디지털 기기에 과도한 시간을 보내면 자녀 행동에 부정적인 영향을 미치는 것으로 나타났다. 논문 저자인 일리노이 대학과 미시간 의과대학 연구진은 '다른 사람과 함께 시간을 보낼 때 디지털 기기에 방해받는 것'을 뜻하는 '테크노퍼런스(Technoference)' 현상에 주목했다. 5세 이하 자녀를 둔 183쌍의 부모를 대상으로 한 이 연구 결과에 따르면 부모가 자녀와 있을 때 스마트폰 사용이나 텔레비전 시청에 많은 시간을 보내면 아이는 정서적 지지나 긍정적인 피드백을 받지 못해 좌절을 더 느끼고, 과잉행동을 더 하며, 분노 발작을 더 보인다고 지적한다. 게다가 아이의 문제 행동에 스트레스를 받은 부모는 디지털 기기에 더 의존하게 돼 악순환이 반복된다는 것이다.

아이들은 부모의 모습을 고스란히 담아내는 거울이다. 아이들의 잘못된 행동을 다그치기 전에 부모가 어떤 모습으로 하루를 보내는지 먼저 되돌아보면 어떨까?

우리 가족은
버스로 이사 왔다

낡은 버스를 구입해 집으로 개조해서 사는 사람들이 있습니다.
인생의 목표에서 더 좋은 집과 차, 물건을 지우고 나니
진짜 삶의 가치를 찾았다고 말하는 가족들.
버스로 이사 간 가족들의 이야기를 통해
집의 의미에 대해 다시 한 번 되돌아봅니다.

2017. 02. 17

    낡은 버스를 구입해 1년 동안 고쳐 집으로 탈바꿈시킨 가족
이 있습니다. 지붕에 태양광 패널을 부착해 전기까지 생산하는
버스 집에서 아이들과 부부 네 식구가 살아갑니다. 조금 비좁아
보이지만 소파가 놓인 거실, 조리대가 딸린 부엌 등 필요한 것
은 모두 갖춘 아기자기한 공간입니다.

    뉴질랜드에 사는 이 가족이 새로운 보금자리로 버스를 선택
한 결정적인 이유는 2011년 크라이스트처지 지역을 강타한 진
도 6.3에 달하는 대지진 때문이었습니다. 부부는 가까스로 살아
남았지만 주변 건물이 무너지고, 수많은 이웃이 하루아침에 보
금자리를 잃는 현장을 지척에서 목격했습니다. 그후 부부는 더
좋은 차와 큰 텔레비전, 화려한 집을 소유하기 위해 일에 매달

리는 게 얼마나 큰 인생의 낭비인지 깨달았습니다.

대출금을 갚기 위해 전전긍긍하지 않고, 언제든 훌쩍 떠날 수 있는 버스는 가볍고 자유롭게 살겠다고 결심한 부부에게 최고의 집이었습니다.

미국 시애틀의 작은 아파트에 살던 설리반 씨 가족도 버스로 이사했습니다. 중고 버스 구입비는 2,800달러, 집으로 개조하는 데 든 비용은 2만 5,000달러였습니다. 아이가 셋이나 되지만 버스로 이사한 뒤 가족의 삶은 더 큰 여유가 생겼습니다. 주거 공간이 작아지자 아이들과 함께하는 시간이 오히려 늘어나고, 집

안일에 쏟는 시간과 생활비까지 적어져 돈에 대한 스트레스가
줄어들었습니다.

집에 대한 욕망을 버리고 버스에서 살아가는 가족들.
이들은 바퀴 달린 집에서 돈과 시간,
그리고 장소에 얽매이지 않고
살아갈 '진짜 자유'를 찾았다고 말합니다.
성냥갑 같은 아파트,
아이들이 마음껏 뛰어놀 수 없는 거리…
지금 우리가 살고 있는 집은, 마을은 어떤 모습입니까?

2부

내일을 꿈꾸는 학교

당신에게 학교는 어떤 모습으로 기억됩니까?

세계는 끊임없이 변화하지만 교실만큼 달라지지 않은 풍경도 드뭅니다.

쳇바퀴 돌듯 아침부터 늦은 밤까지 학교에 갇혀 있고,

교실을 꼭짓점 삼아 맴도는 아이들

학교는 아이들에게 어떤 모습이었나요.

학교의 현주소가 그 나라의 품격을 보여줍니다.

아이들이 꿈꾸는 미래의 교문은 혹시 닫혀 있는 게 아닐까요.

그 열쇠 또한 학교가 가지고 있습니다.

학교,
가치관을 담은 공간

감염병의 나날이 오래 지속되면서 학교라는
공간의 소중함이 더욱 부각되고 있습니다.
아이들이 학교에 가고 싶은데도 등교할 수 없는 현실.
학교와 교실이 교육에서 얼마나 중요한 공간인지
덴마크의 한 고등학교를 통해 되돌아봅니다.

2018. 03. 08

1970년대 독일에서 '기회 균등'이라는 이념 아래 만들어진
한 교실에는 창문이 없습니다.

몇몇 아이만 창문 옆 책상에 앉게 되는 것을 특혜라고 여겨
교실을 비추는 빛을 동일하게 하기 위한 조치였습니다. 물론 오
늘날에는 '평등'이라는 교육 이념이 과도하게 반영된 잘못된
사례로 평가받습니다.

덴마크 코펜하겐에 위치한 외레스타드 고등학교는 '하나의
공간, 하나의 학교'라는 이념을 추구하고 있습니다. 2005년에
건축 디자인을 시작해 2년 뒤인 2007년에 완공된 이 학교에는
벽과 교실이 없습니다. 하나의 거대한 방 같은 공간은 모든 교
사와 학생에게 연결돼 있습니다. 복도 역할을 하는 나선계단은
이 학교의 상징입니다. 학생들은 계단을 오르내리며 친구를 만

나고 가벼운 운동을 합니다. 원형의 휴식 공간에서는 수업 중간 중간 쉬거나 숙제를 하기도 합니다.

'혁신적인 디자인을 지닌 세계 3대 학교'로 선정되고, 여러 건축상을 수상한 이 학교에는 칠판이나 교과서를 찾아볼 수 없습니다. 교사는 교과서 대신 컴퓨터와 디지털 미디어를 활용해 수업을 진행합니다. 이 학교는 차분하게 의자에 앉아 교과서를 보면서 교사의 설명을 듣는 전통적인 수업 방식으로는 학생들이 호기심을 느끼지 못한다고 판단했습니다.

교사들은 디지털 환경에 맞게 수업 내용을 구성하고 온라인을 통해 학생들을 모니터합니다. 정해진 수업 시간이 없는 만큼 학생들은 자유롭게 시간을 보냅니다. 스스로 해야 할 일을 찾고, 교사를 찾아가 질문하는 방식으로 미리 사회를 배우는 것과 같은 수업이 진행됩니다. 그렇게 학생들은 스스로 책임감을 느낍니다.

아이들은 모든 것을 스스로 판단하고 책임지는 학교생활에 대해 이렇게 말합니다.

"마치 세상에 던져진 것 같아요. 우리 스스로 책임을 져야 하는데, 이것은 꽤 큰일이죠. 학교에 가면 자신의 미래에 대해 진지하게 고민하게 돼요."

이 학교를 설계한 건축가 닐슨(K. H. Nielsen)은
교육 방법이 바뀌면, 교육 공간도
그에 맞게 바뀌어야 한다고 말합니다.
똑같은 책상, 똑같은 복도, 똑같은 창문을 가진
학교 그리고 교실은 교육의 목표와 가치관을 담은
공간이라는 당연한 사실을
너무 오래 외면하고 있는 것은 아닐까요?

1만 2,000시간 머무는
교실 좀 바꿔주세요 -2015. 12. 09 / 2017. 11. 17

유치원부터 초·중·고등학교에 이르기까지 아이들이 교실에 머무는 시간은 최소 1만 2,000시간 이상이라고 한다. 그만큼 중요한 교실 환경이 성적에 영향을 미친다는 연구 결과가 있다. 영국 블랙풀 지역의 초등학교 34개 교실과 학생들 성적 사이의 상관관계를 분석한 결과 25퍼센트가 교실 설계와 관련이 있었다. 성적이 10점 올랐다면 그중 2.5점은 교실 환경 덕분이라는 것이다.

그렇다면 좋은 교실은 어떤 모습일까? 연구진은 책상을 자유롭게 배치할 수 있는 넓은 공간, 학생들의 흥미를 이끄는 책상과 의자, 자연광이 들어오는 창문이 하나 이상 있는 교실을 꼽았다. 학년에 맞는 교실 색깔도 따로 있었다. 저학년일수록 시원한 색깔을 쓰고, 고학년일수록 따뜻한 색깔을 쓴 교실이 학생들에게 좋은 영향을 미쳤다.
미국 워싱턴 대학과 UC버클리 대학 연구진도 이상적인 교실 환경을 제시했다. 교실 채광과 소음, 온도부터 진입의 편리성, 교실 벽에 걸린 그림까지 꼼꼼히 분석한 결과 자연광이 들어오는 창문이 있을 경우 성적이 향상됐다. 벽에 걸린 자연을 담은 느긋한 그림도 학습 의욕을 고취시켰다. 또한 영감을 느끼게 해주는 짧은 문구와 주변에 식물이 많을수록 안정감을 느끼고 집중력도 높아졌다.

2017년 미국의 한 초등학교에서는 집중력이 떨어지는 아이들을 위해 의자를 바꿨다. 실제로 많은 초등학교가 집중력이 짧고 움직이기 좋아하는 어린 학생들을 위해 의자를 교체하는 실험을 하고 있다. 흔들의자, 짐볼, 탄력 있는 고무 방석도 등장했다. 캐나다의 한 초등학교에는 헬스장에서 볼 수 있는 자전거를 교실에 마련했다. 수업에 집중하기 어려울 때 학생들은 자전거를 타면서 에너지를 자연스럽게 소모한 뒤 학습 집중력을 높였다. 조금 산만해 보이는 교실 풍경이지만 학생들이 앉아 있는 시간은 오히려 더 늘어났다. 교실에 학생들을 맞추지 않고, 학생들에게 교실을 맞추고 있는 학교들. 이상적인 교실 환경은 성적뿐만 아니라 학생들의 자부심과 소속감 또한 높여주고 있다.

집은 학교가 될 수 없는 것일까, 홈스쿨링 논란

학교에 가는 대신 집에서 공부하는 홈스쿨링이 제도교육의 대안으로
조금씩 자리 잡고 있습니다. 하지만 정부 차원에서 홈스쿨링을 금지하는
국가도 있어 교육의 자유에 대한 논란이 이어지고 있습니다.
집은 학교가 될 수 없는 것일까, 학교는 어떤 공간일까…
그 근본적인 질문을 함께 고민해봅니다.

2014. 05. 05

7명의 자녀를 키우는 로메이크 부부는 독일에서 미국으로 망명한 상태입니다. 가족이 조국을 떠난 까닭은 정치적인 신념이나 경제 여건이 아닌 바로 교육 문제 때문입니다.

로메이크 부부는 독일의 공립학교가 신성모독 등 부적절한 주제를 가르친다며 자녀들을 학교에 보내는 대신 집에서 직접 교육해왔습니다. 하지만 로메이크 부부는 1만 달러가량의 벌금형을 선고받고, 아이들은 학교로 끌려가야 했습니다.

운더리치 부부 역시 아이들이 관심을 가진 분야에 집중하고 가족애를 돈독하게 하려고 홈스쿨링을 해왔습니다. 그런데 독일 정부는 자녀를 부부로부터 강제로 격리시키고 홈스쿨링을 위한 이주를 막기 위해 아이들 여권까지 빼앗았습니다. 독일 다름슈타트 지방법원이 운더리치 부부에게 내린 판결에 따르면

"제3자로부터 고립된 채 오직 부모에게 배우는 아이들은 충분한 교육을 받기 어렵고, 다른 의견을 가진 사람과 대화하거나 함께 어울리는 법 등을 배우지 못하기 때문에 학교에 다니는 것이 옳다."는 이유 때문입니다.

두 부모에게 가혹한 판결을 내린 까닭은 독일에서 홈스쿨링은 불법이기 때문입니다. 로메이크와 운더리치 가족처럼 독일에서 홈스쿨링을 원하는 가족이 늘고 있고, 관련 재판도 이어지고 있지만 여전히 '부모 학교'는 법적으로 금지돼 있습니다.

1938년 히틀러가 국민에게 전체주의 사상을 주입하기 위해 학교 교육을 의무화하면서 홈스쿨링 금지의 역사도 시작됐습

니다. 현재 독일 사회는 또 다른 근거를 내세우며 홈스쿨링을
더 강력하게 제지합니다.

오랫동안 홈스쿨링 분야를 연구한 미국 국립 가정교육 연구
소 대표인 브라이언 레이(Brian Ray) 박사의 의견은 좀 다릅니다.

"홈스쿨링은 가정을 기반으로 한 교육이지 가정이 전부인 교
육은 아닙니다. 홈스쿨링을 한 아이들이 제도권 교육을 받은 아
이들보다 심리적 측면에서 사회성이 훨씬 낮다는 것을 보여주
는 연구가 있습니다. 오히려 학교 교육은 오직 한 종류의 학생
에게만 맞춰져 있어서 학생들 각각의 장단점이나 꿈에 집중할
수 없습니다."

8명의 자녀를 모두 홈스쿨링으로 키워낸 레이 박사는 홈스쿨

링이 제도권 교육의 훌륭한 대안이 될 수 있다고 말합니다. 하지만 부모들에게 남은 문제는 또 있습니다. 교사도, 전문가도 아닌 부모가 아이들을 직접 교육하는 것에 대한 부담입니다.

레이 박사는 이렇게 말합니다.

"부모에게 교사자격증은 필요하지 않습니다. 지난 30년간 미국의 현대적인 홈스쿨링을 통해 평범한 부모도 자녀들을 훌륭히 교육할 수 있다는 것이 증명됐습니다. 인터넷에는 홈스쿨링에 활용할 만한 자료가 방대합니다. 여러분에게는 자녀들을 가르칠 충분한 능력이 있고, 분명 그들과 함께 배우고 가르치는 즐거움을 발견할 것입니다."

현재 홈스쿨링을 금지하는 나라는
독일을 비롯해 그리스, 스웨덴, 크로아티아,
불가리아 등 유럽 국가와 터키, 아르메니아,
카자흐스탄, 브라질 등입니다.
집은 학교가 될 수 없고,
부모는 교사 자격이 모자란 것일까.
교육의 선택권을 둘러싼
전 세계적인 논란은 계속될 전망입니다.

학교 결석은
뒤처진 성적으로 누적된다 -2018. 03. 07

학교생활에서 가장 중요하게 여겨지는 것 중 하나가 바로 출석이다.

미국은 '결석을 하지 말자'는 공공 캠페인을 벌일 만큼 꾸준한 출석이 최고의 학습이라고 강조하지만, 부모들의 인식은 다르다. 절반가량이 자녀가 한 달에 3일 이상 결석해도 괜찮다고 생각한다. 부모들의 생각과는 달리 한 달에 2번의 결석만으로 아이들의 학교생활은 위축될 수 있다. 결석은 습관이 되고 결석 일수는 누적되기 때문이다. 한 달 평균 이틀씩 계속 결석한다면 9개월간 결석 일수는 18일로 한 달가량 학교에 가지 않은 것과 같기 때문이다.

결석을 대수롭지 않게 생각하면 안 되는 이유는 학습과도 연관되기 때문이다. 위와 같이 결석이 누적되면 읽기와 쓰기, 수학 과목에서 뒤처지며 졸업에도 영향을 미친다. 결석은 특히 저학년일수록 큰 영향을 미친다. 습관적인 결석으로 인해 읽기, 쓰기, 수학에서 뒤처질 확률이 5배나 높아지는데, 한 달 2번의 결석이 그 시작일 수 있다.

독일은 개학 직후 부모와 자녀들이 방학 성수기를 피해 휴가를 떠나는 바람에 결석률이 크게 높아지는 현실을 타개하기 위한 자구책을 마련했다. 가족 여행으로 결석을 하면 학교에 대한 의무와 부모의 책임 위반으로 판단하고 벌금을 부과하는 도시가 늘어나고 있다.

학기 중 가족 여행으로 결석이 증가한 영국 역시 질병이나 가족의 죽음으로 인한 결석 이외에는 '학교 허가를 받지 않은 무단결석'으로 규정해 부모의 책임을 묻는다. 이런 결정이 부모들의 학습결정권을 침해한다는 비판에도 학교와 정부는 더 엄격하게 출석을 관리하겠다는 입장이다. 습관적인 결석을 줄이는 것이 모든 아이들의 성공 기회를 보장하는 기본이라고 믿기 때문이다.

혼자 등교할
준비됐나요

초등학교 앞은 자동차로 붐빕니다.
많은 아이가 부모의 자동차를 타고 함께 등하교하기 때문에
해외에서는 아이 혼자 통학할 수 있도록 도와주자는 캠페인이
꾸준히 이어지고 있습니다. 혼자 등교하는 경험이 귀한 학습 기회가 되기 때문입니다.
하지만 등하굣길에 도사리고 있는 위험 또한 여전한 게 현실입니다.
자립과 안전, 두 마리 토끼를 잡을 수 있는 방법에 대해 알아봅니다.

2015. 10. 28 / 2017. 03. 22

부모 없이 혼자 학교에 갈 준비가 됐나요?

미국 오리건주 교통국에서 학부모를 대상으로 제작한 포스터는 이렇게 질문합니다. 자녀 혼자서도 안전하게 학교에 갈 수 있도록 도와주라는 것입니다. 오리건 주는 아이 스스로 등교할 수 있는 실질적인 방법을 가르치는 한편 학교까지 안전한 경로를 표시한 지도를 배포하고 있습니다. 꾸준한 캠페인 덕분에 오리건주 159개 학교가 '나 홀로 등교'에 도전했습니다.

관공서가 앞장서서 아이 혼자 등교하라고 권장하는 이유는 무엇일까요?

스스로 통학하는 과정이 삶의 기술을 배우고, 독립심과 자신감을 키울 수 있는 중요한 학습 기회이기 때문입니다. 학생들에게 아침 식사보다 걷거나 자전거로 등교하는 습관이 건강에 더

좋다는 연구 결과도 있습니다. 등교하는 방법에 따라 학습 집중력도 차이가 났습니다. 몸을 움직이며 등교한 학생들은 4시간 동안 집중력이 지속됐습니다. 하지만 혼자 걷거나 자전거로 통학하는 비율은 점점 줄어들고 있습니다.

캐나다 토론토에서 실시한 조사 보고서에 따르면 집에서 학교까지 거리가 2킬로미터 미만으로 충분히 도보가 가능한 거리에 살아도 소수의 어린이만 혼자 걸어서 통학했습니다. 영국의 경우 지난 20년간 부모 자동차로 등교하는 비율이 2배 증가했고, 초등학생 40퍼센트가 매일 부모와 함께 등교합니다. 등하굣길에 도사리고 있는 위험 때문입니다.

스웨덴에서는 만 3세가 되면 특별한 소포 꾸러미가 배달됩니다. 꾸러미 안에는 스티커와 퍼즐 같은 놀잇감이 가득 들어 있습니다. 발신인은 국립도로안전협회입니다. 이 놀잇감은 바로 교통안전 교육 도구입니다. 신호등 읽기, 횡단보도 건너기 등 도로 안전 규칙을 부모와 함께 놀면서 배우기 시작하는 것입니다. 조기교육을 반대하는 스웨덴 사회이지만 안전만큼은 아이들이 걷고 뛰기 시작하는 만 3세가 적기라는 공감대가 형성돼 있습니다.

프랑스에서는 초등학교에 입학할 때 반드시 제출해야 하는 서류가 있습니다. 바로 교통안전 교육을 수료했다는 인증서입니다. 아이들은 초등학교에 입학하자마자 생애 첫 번째 면허증

에 도전합니다. 혼자 버스를 타고, 횡단보도를 건너는 능력이 확인되면 면허증을 취득할 수 있습니다. 경찰 입회하에 엄격히 치러지는 이 시험의 이름은 보행자 면허 시험. 아이 혼자 길을 건널 수 있는 자격증입니다.

독일의 초등학생들이 도전하는 생애 첫 면허증은 자전거입니다. 자전거도 도로 위를 달리는 엄연한 교통수단이기 때문입니다. 아이들이 면허증을 취득하기 위해 필요한 것은 자전거 타는 기술이 아닙니다. 안전하게 자전거를 탈 수 있는 능력을 증명해야 하는 것입니다. 자전거 원리와 도로표지판 읽는 법을 아는 것은 기본이고, 도로 흐름을 이해하고 다양한 수신호로 운전자와 교감하는 방법도 배워야 합니다. 자전거 안전과 관련된 모든 것은 학교 수업에서 가르칩니다.

미국 연방정부는 2006년부터 '안전한 학교 경로 프로그램'을 지원하고 있습니다. 학생들이 혼자서도 안전하게 등교할 수 있도록 기반시설을 확충하고, 이웃들이 등굣길의 보호자이자 감시자로 나설 수 있도록 노력하고 있습니다.

혼자 등교하는 것을 걱정하는 부모와
스스로 안전을 지키는 방법을 가르치는 사회.
아이 혼자 등굣길을 걸을 수 있게 하려면
부모의 결심만 필요한 게 아닙니다.
잊을 만하면 학교 근처에서 아이들이 다치는
안타까운 소식이 들려오는 우리 사회의
안전 교육은 지금 어디쯤 머무르고 있나요.

잊힌 아이 신드롬 -2018. 07. 13

여름이면 뜨거운 차 안에 갇힌 어린이들이 목숨을 잃는 안타까운 소식이 전해지고는 한다. 연구에 따르면 뒷좌석에 앉은 아이의 존재를 잊어버리는 사고는 누구에게나 일어날 수 있다고 한다. 미국에서는 매년 37명의 어린이가 뜨거운 차 안에서 사망하는 사고가 발생하고 있다. 그런데 사고 절반 이상이 평범한 가정, 보통 부모들에게서 발생한다.

자녀를 누구보다 사랑하는 부모라 할지라도 아이를 차 안에 두고 내릴 가능성은 있다. 착각 또는 일시적인 망각으로 아이의 존재를 까맣게 잊는 '잊힌 아이 신드롬' 때문이다. 연구자들은 종종 휴대전화를 잊는 것처럼 뒷좌석에 탄 자녀의 존재도 잊을 수 있다고 말한다. 처리해야 할 일이나 생각이 많거나 중간에 전화를 받는 등 예기치 않은 일이 끼어들면 순간적으로 중요한 것을 잊어버리는 기억상실 상태가 찾아온다는 것이다.

'잊힌 아이 신드롬'은 부모의 학력이나 연령, 자녀에 대한 관심과 상관없이 뇌의 작용 때문에 발생한다. 따라서 모든 부모는 차에서 내리기 전에 뒷좌석을 확인하는 절차를 습관화해야 한다. 운전을 하기 전에 자연스럽게 안전벨트를 매는 것처럼. 휴대전화나 자동차 열쇠처럼 차에서 가지고 내려야 하는 물건을 늘 뒷좌석에 놓는 것도 사고를 예방할 수 있는 방법이다.

부모에게 가장 소중한 사람이지만 한순간 부모의 기억에서 잊힌 채 차 안에 남겨질 수 있는 아이들. 이를 사랑의 부족이나 부모의 무관심이 아니라, 누구에게나 일어날 수 있는 기억의 실패로 인식하는 것이 사고를 예방하는 첫 번째 단계이다.

자동차를 15분 동안 금지한 등굣길, 놀이터가 된 도로

가정의 달이자 어린이날이 있는 5월은 안타깝게도 어린이 교통사고가 가장 많이 발생하는 달이기도 합니다. 어린이 안전을 위해 존재하는 학교 주변 스쿨존에서도 교통사고는 빈번하게 발생하는데요. '안전한 학교 길'을 만드는 간단한 아이디어가 유럽 도시들을 중심으로 큰 호응을 얻고 있습니다. 등하교 시간 어린이들에게 양보한 학교 앞 도로에 대해 전해드립니다.

2017. 12. 08 / 2018. 03. 16 / 2019. 05. 17

학교 주변은 금연 구역입니다. 그렇다면 매연을 내뿜고 안전을 위협하는 자동차 통행은 어떨까요?

출근하는 자동차로 복잡한 영국의 한 초등학교 주변 도로. 등교 시간이 가까워지면 도로는 깜짝 변신을 시작합니다. 자동차는 모두 사라지고 도로는 등교하는 아이들이 오롯이 차지합니다. 등하교가 이뤄지는 일정한 시간 동안 자동차 통행을 금지한 안전한 '스쿨 스트리트' 풍경입니다.

스쿨 스트리트가 처음 운영된 곳은 1990년대 초반 이탈리아 볼차노였습니다. 차량 통행을 금지한 시간은 등하교 시간과 점심시간 각각 15분. 시행 초기에는 민원이 빗발치고 학부모와 교사들 차량도 통행할 수 없어 학교 구성원까지 반대할 정도로 불편하기만 한 아이디어로 여겨졌습니다. 하지만 볼차노 경찰서는 아이들을 위해 옳은 결정이라고 확신하고 스쿨 스트리트를 계속 시행했습니다. 그 결과, 학교 주변에서 발생하는 어린이 교통사고가 절반으로 줄었습니다. 15분이라는 짧은 시간이 만들어낸 커다란 변화였습니다.

영국에서 스쿨 스트리트를 주도하는 공익단체는 등하교 시간뿐만 아니라 학교에 가지 않는 휴일에도 어린이 교통사고가 43퍼센트 감소한다며, 학교 앞 도로에서 자동차 운행을 금지해야 하는 필요성을 강조합니다.

좁은 골목까지 자동차가 점령한 마을 도로를 아이들이 마음껏 뛰어놀 수 있는 놀이터로 변화시킨 곳도 있습니다.

영국 브리스틀에 사는 두 아이의 엄마인 앨리스 퍼거슨(Alice Ferguson)은 방과 후에 집 안에서만 시간을 보내는 아이들이 걱정됐습니다. 자신이 어렸을 때처럼 아이들이 집 앞에서 안전하게 놀 수 있는 방법은 없을까. 퍼거슨은 오랜 고민 끝에 거리에 차가 다니는 것을 막고 그 공간에서 아이들이 놀게 하면 좋겠다는 생각을 하게 됐습니다. 그렇게 '플레잉 아웃(Playing Out)' 즉 '밖에서 놀다'라는 이름의 캠페인이 시작됐습니다. 일주일에 한 번, 두어 시간 정도 도로 양옆을 막아 차량을 통제하고 아이들이 놀 수 있게 하는 것입니다. 어른들은 혹시 모를 사고를 위해 지켜볼 뿐 아이들은 원하는 대로 자유롭게 놉니다. 그러자

그동안 서로 모르고 지내왔던 아이들이 어울리기 시작했고, 어른들도 대화를 나누게 되었죠.

이 캠페인은 지역주민과 브리스틀 당국의 적극적인 지지를 얻어냈습니다. 시의회는 캠페인을 위한 신청 절차도 간소화해서 1년에 한 번 간단한 신청만 하면 거리 놀이터를 조성할 수 있도록 도왔습니다. 전문가들은 이 캠페인이 개인의 사회적 고립을 막고, 아이들이 활발하게 활동함으로써 소아 비만도 예방할 것으로 기대했습니다.

캠페인이 시작된 지 10년이 넘은 현재 플레잉 아웃은 주민들의 주도로 영국 전역 500여 곳의 거리와 캐나다 토론토에서도 시행되고 있습니다. 영국 브리스틀 대학은 마을에 거리 놀이터

가 등장하는 날이면 아이들의 야외 놀이 시간이 평소보다 3~5
배까지 증가한다는 연구 결과도 내놓았습니다.

노는 아이들, 재미있는 놀이로 가득한 동네 길거리.
부모들은 집에서도 아이들의 놀이를 쉽게 지켜볼 수 있고,
아이들이 뛰어놀며 웃는 소리는
마을에 활기를 되찾아줍니다.
거리 놀이터는 어른들에게도 낯선 이웃과
사귈 수 있는 기회를 제공합니다.
주차장이 아니라 놀이터로 변신한 거리에서
더 돈독해지는 공동체.
학교 앞 도로와 마을 골목길은
누가 주인이어야 할지 다시 생각하게 합니다.

교실을 탈출한 야외 교실, 숨바꼭질하는 교실

자녀가 야외에서 보낸 시간은 얼마나 되나요?
코로나-19, 미세먼지 등 실내에 머물 수밖에 없는 이유가 점점 늘어나고 있습니다.
아이들은 학교에 가서도 대부분 실내에 머물 수밖에 없습니다.
만약 야외 수업이 주된 일과가 되면 어떨까요?
교실을 탈출한 또 다른 교실을 통해 학교의 모습을 되돌아봅니다.

2017. 05. 31 / 2018. 01. 31

정문에 서서 학교를 바라본다고 가정해봅니다.

어떤 공간이 떠오르나요.

우선 운동장이 있고, 그 너머로 교실들이 있는 본관 건물이 보입니다. 현관으로 들어가면 복도를 중심으로 교실들이 다닥다닥 붙어 있고, 교실 안에는 똑같은 책상과 의자가 놓여 있습니다. 우리가 흔히 알고 있는 학교라는 공간의 모습입니다.

교실은 학교 안에 있습니다. 그리고 거의 모든 수업이 교실 안에서 이뤄집니다.

만약 모든 수업을 야외로 옮긴다면 어떤 풍경이 펼쳐질까요?

글로벌 캠페인 '야외 교실의 날'은 학교 수업을 야외에서 진행하자고 제안합니다.

　수학과 과학 역사와 지리, 국어 수업까지 과목별 아이디어도 다양합니다. 학생들은 야외에 있는 도구를 자유롭게 사용해서 '몸으로' 놀이하듯 교과 개념을 익힙니다. 야외 수업을 진행한 교사 92퍼센트는 학습 참여도가 높아졌다고 답했고, 학생들 또한 더 많이 배웠다고 느꼈습니다.

　학교가 야외 수업 시간을 늘리면 저절로 얻는 게 또 있습니다. 바로 부족한 아이들의 야외 활동 시간입니다. 미국의 경우 어린이 74퍼센트가 교도소 수감자보다 훨씬 적은 시간을 야외에서 보낸다는 보고서가 충격을 안겨줬습니다. 우리나라와 영국, 중국 등 10개국에서 5~12세 어린이를 대상으로 조사한 결과도 마찬가지였습니다.

가족과 함께 자연을 찾는 횟수도 적습니다. 런던 지역에 거주하는 부모와 자녀 3분의 1은 2개월에 한 번 남짓 바깥나들이를 했고, 어린이 7명 중 1명은 1년 동안 한 번도 자연을 찾지 못했습니다. 숲과 강을 보고 즐기는 경험 역시 가정형편이 큰 영향을 미친 것입니다.

현재 52개국 9,734개 학교가 '야외 교실의 날' 캠페인에 참여하고 있습니다. 캠페인은 정부가 나서서 하루 한 과목, 야외 수업을 필수 과목으로 지정해주기를 원합니다. 모든 어린이가 햇빛의 혜택을 받는 동시에 한 사람이라도 교실에서 소외되는 것을 줄이는 가장 효과적인 방법이라고 합니다. 하지만 많은 학교가 좁은 도시 한가운데 높다란 건물에 둘러싸여 있는 현실에서 너무 꿈같은 이야기라고 지적하는 목소리도 있습니다.

교실 자체를 아이들이 마음껏 뛰어놀 수 있고, 상상력을 키울 수 있는 공간으로 탈바꿈하는 방법은 어떨까요?

스웨덴에 위치한 비트라 텔레폰플랜 학교는 학생들이 천편일률적인 교실에서 벗어나 창의적인 공간에서 생활합니다. 이 학교는 정해진 교실이 없고, 여러 공간이 퍼즐처럼 이어져 있습니다. 수업도 마찬가지입니다. 만약 10시에 영어 수업을 해야 한다면 "10시까지 나무 아래로 모이세요." 하고 전달합니다.

복도는 산꼭대기처럼 생겼고, 계단은 오르내리면서 이동하는 수단이자 기대앉아 수다를 떠는 쉼터로 변신합니다. 나무 옆 테이블은 아이들이 친구들과 멀리, 가까이 거리를 조절하면서 이야기하거나 숙제할 수 있도록 디자인됐습니다. 어떤 아이들은 숨바꼭질하듯 숨을 수 있는 공간을 찾아서 자신이 하고 싶은 일에 집중합니다. 딱딱한 책상과 의자보다 바닥에 앉기를 좋아하는 아이들은 초록색 동산 같은 공간에 기대 책을 읽습니다. 몸을 마음껏 움직일 수 있는 공간도 마련돼 있습니다. 방음 장치가 된 방에서 아이들은 소음은 신경 쓰지 않고 실컷 뛰어놀고 춤출 수 있습니다.

이 학교를 디자인한 로잔 보슈(Rosan Bosch)는 학교가 아이들이 '인간'으로서 존중받을 수 있는 '창의적인 공간'이어야 한다고 강조합니다. 아이들 스스로 공부하고 싶은 동기와 창의적인 영감, 도전하고 싶은 마음을 느낄 수 있는 환경이 필요하다는 것이죠.

학교라는 공간에서
책상이나 의자, 칠판보다 중요한 것은
학생들이 자유로울 수 있는 유연한 환경입니다.
부모가 '이제 학교에 갈 시간'이라며 떠밀기 전에
아이들 스스로 가고 싶어서 안달이 나는 학교.
상상만으로도 즐거운 공간을 만들기 위해
지금 우리에게 필요한 것은 무엇인지
진지하게 고민해봐야 할 시점입니다.

아이들 주변에서
장난감이 사라진다면 -2015. 03. 19

많은 아이가 장난감에 둘러싸여 있다. 형제자매가 줄면서 아이들이 차지하는 장난감 개수는 더 많아졌다. 아이들이 장난감을 많이 소유할수록 유년기 또한 풍요로워질까? 만약 이 장난감들을 모두 치워버린다면 아이들의 삶은 어떻게 변할까?

1992년, 독일 바이에른주에서 '장난감 없는 유치원 프로젝트'가 시작되었다. 아이들과 선생님은 우선 커다란 상자에 장난감을 포장한 뒤 3개월간 휴가를 떠나보냈다. 유치원에는 풀과 가위, 재활용품이나 나무토막만 덩그러니 남게 됐다. 장난감이 사라진 3개월 동안 아이들의 놀이도 사라졌을까?

처음에는 장난감이 없어 난감해하던 아이들은 결국 스스로 놀잇감을 찾아 나섰다. 상상력과 창의력을 끄집어내 스스로 다양한 장난감을 만들어낸 것이다. 그 과정 속에서 아이들끼리 대화가 늘고, 사회성과 언어 능력 또한 향상되었다. 장난감이 사라진 3개월이 증명해낸 것은 무엇을 가지고 노느냐가 아니라, 어떻게 노느냐가 아이들의 성장에 중요하다는 사실이었던 셈이다.

고무줄로 움직이는 헬리콥터에 마음을 빼앗긴 열한 살, 일곱 살 라이트 형제의 수제 장난감은 하늘을 나는 방법을 상상하게 했다. 다섯 살 아인슈타인에게는 아버지가 집으로 가져온 유리가 깨지고 늘 북쪽을 가리키는 나침반이 호기심을 끊임없이 자극한 신기한 장난감이었다.

장난감은 사라져도 아이들의 놀이는 결코 멈추지 않는다. 가난한 시절, 운동장이 도화지였고, 마을 골목이 놀이터였던 어른들도 이미 알고 있는 오랜 경험이다.

뛰어노는 아이들이
성적도 높다

요즘 아이들은 참 바쁩니다.
수업이 끝난 뒤에도 학원을 쳇바퀴 돌아, 놀이터나 운동장에서 노는
아이들을 찾아보기 힘듭니다. 5분 더 공부하는 것과 5분 더 뛰어노는 것.
둘 중 아이들의 두뇌 발달에 이로운 것은 무엇일까요?
활발한 신체 활동이 성적을 높여준다는 여러 연구 결과를 소개해드립니다.

2014. 11. 06 / 2016. 12. 08

"만 4세 유아들은 신체적으로 학교에 갈 준비가 되어 있지 않다.
연필을 쥐거나 신발 신는 것도 서툴고 단 5분도 가만히 앉아 있지
못한다."

영국은 유아 대부분이 신체 발달에 문제를 안고 있다고 진단
을 내렸습니다. 만 4세 유아들 중 3분의 1이 운동 능력과 반사
신경이 부족하고, 통합 운동 장애와 난독증을 가진 상태로 초등
학교에 입학한다고 합니다. 유치원 교사 80퍼센트도 유아들의
신체 능력이 과거에 비해 급격히 저하됐다고 밝혔습니다.

영국 전문가들은 유아들의 신체 발달이 더뎌진 이유가 예전
보다 덜 움직이기 때문이라고 말합니다. 영국 심장재단에 따르
면 2~4세 유아 84퍼센트가 하루 동안 활발히 움직이는 시간이

채 1시간도 되지 않는다고 밝혔습니다. 반대로 1시간 이상 앉아 있는 시간은 과거보다 늘어났습니다. 유아들이 끈기 있게 앉아 있는 이유는 놀이 방법이 달라졌기 때문입니다. 움직이지 않아도 놀 수 있는 스마트폰과 디지털 기기로, 온몸을 놀리면서 재미를 찾던 과거와 달리 손가락 하나만 움직여도 흥미진진한 시간을 보낼 수 있기 때문입니다.

"하루 3시간 이상 반드시 움직이고, 1시간 이상 앉아 있는 것을 금하라!"

핀란드를 비롯해 많은 국가가 지침으로 삼고 있는 유아 활동 시간입니다. 하지만 전문가들은 아이들을 움직이게 하려면 부모의 여가시간을 되돌아봐야 한다고 지적합니다. 아이들 대부분 부모의 놀이 방식을 그대로 모방하기 때문입니다.

아이들의 신체 발달뿐만 아니라 좋은 성적을 원한다면 운동장에서 보내는 시간을 늘리는 것이 가장 효과적입니다.

영국에서 11세 청소년 5,000명을 대상으로 연구한 결과 남학생은 17분, 여학생은 12분 운동 시간이 늘어날 때마다 성적도 함께 올랐습니다. 1시간 이상 규칙적인 운동을 시킨 결과는 더 놀라웠습니다. C 등급을 받던 학생의 성적이 B 등급으로 향상된 것입니다. 게다가 이 실험에 참가한 11세 학생들의 학습 능

력은 13~16세 수준과 맞먹을 정도로 높아졌습니다.

　미국에서 이루어진 또 다른 연구도 운동을 포함한 신체 활동이 학습 능력을 높여준다고 발표했습니다. 만 7~9세 아동 221명에게 방과 후 1시간씩 또래 아이들과 놀이와 운동을 하게 했습니다. 그리고 9개월 후 운동을 하지 않았던 아이들과 집중력과 인지력을 비교했습니다. 그 결과, 매일 규칙적으로 1시간씩 몸을 움직인 아이들의 인지력 점수가 2배 이상 높았습니다.

　실제로 운동이 학습 능력과 인지력을 향상시키는 이유를 입증한 연구 결과가 있습니다. 연구진은 운동이 학습 능력을 높이는 증거를 뇌의 백질 부분에서 찾아냈습니다. 우리의 뇌는 생각하는 기능을 담당하는 회백질과 회백질들 사이를 연결하는 신경섬유인 백질로 이뤄져 있는데, 정보를 전달하는 통로 역할을 하는 백질이 많을수록 두뇌 조직 사이의 연결이 긴밀해지고 주의력과 집중력, 창의력이 높아집니다. 놀라운 사실은 신체 활동을 많이 한 아이에게 백질이 많았으며, 운동을 많이 할수록 백질의 양도 늘어난 것입니다.

어린 시절부터 움직이지 않고 앉아 지내는
시간에 익숙한 아이들.
몸을 움직여 노는 것보다 손에 쥔
자그마한 세상에 더 심취한 아이들.
어쩌면 아이들에게 책상에 앉아 몇 시간 공부했니,
묻기보다 얼마나 놀았니, 묻는 것이
건강과 성적 모두를 걱정하는 부모에게
진짜 필요한 질문일지 모릅니다.

체육 시간과
성적의 상관관계 -2015. 08. 20

규칙적인 운동이 성적을 높여준다는 연구 결과처럼 많은 나라에서 체육 시간을 확대하고 있다. 하지만 부모들의 공감대가 늘어나는 것과 달리 학교는 여전히 체육 수업을 중요하게 여기지 않는다. 미국 학부모 28퍼센트는 자녀가 다니는 학교의 체육 수업에 C~F 학점을 주었다. 가장 큰 불만은 일주일에 1~2시간인 체육 시간이 너무 적다는 것이다.

1999년, 미국 네이퍼빌 지역 학교에서 시작된 '0교시 체육 수업'은 체육 시간의 효과가 신체 건강에 국한된 것이 아니라는 사실을 잘 보여준다. 네이퍼빌 센트럴 고등학교는 0교시 체육 수업에서 1.6킬로미터 달리기를 하게 했다. 개인별로 심박수가 측정된 학생들은 교사가 설정한 목표에 따라 전속력으로 달리기를 했다. 그리고 1교시 수업으로 수학과 과학처럼 어렵고 두뇌를 많이 써야 하는 과목을 배치했다. 한 학기 동안 0교시 체육 수업에 참가한 학생들에게는 놀라운 변화가 찾아왔다. 읽기와 문장 이해력이 17퍼센트가 증가했고, 0교시 체육 수업에 참여하지 않은 학생들보다 무려 2배나 높은 성적을 받았다. 미국 학부모들이 체육 시간을 더 늘려야 한다고 생각하는 이유는 성적 향상 때문만은 아니다. 저학년에게 다양한 운동을 접하게 하는 것이 목적이라면 고학년들에겐 스포츠맨 정신을 중점적으로 가르치기 때문이다.

한국 못지않게 입시열이 높은 일본이지만 중학생 64.1퍼센트, 고등학생 42.1퍼센트는 야구, 배구, 검도, 축구, 테니스 등 다양한 운동 동아리에서 활동하고 있다. 우리와 마찬가지로 교과 과정을 개정할 때마다 체육 수업을 축소했던 핀란드도 학생들에게 하루 1~2시간 운동량을 권장했지만 지키는 학생이 절반도 채 되지 않아 해결책으로 다시 체육 수업을 확대했다. 핀란드 학생들은 늘어난 체육 시간을 환영했다. 체육 시간은 건강뿐만 아니라 협동하는 법을 익히고, 같은 팀원의 실패를 너그럽게 넘길 수 있는 아량 또한 배울 수 있기 때문이다. 체육 수업의 정의가 달라져야 한다는 것을 아이들이 먼저 보여주고 있다.

오염된 운동장에서 아이들을 구하라

체육 시간이 늘어야 한다는 공감대가 커지고 있지만
아이들이 뛰어놀 수 있는 운동장은 여전히 방치되고 있습니다.
학교 운동장 우레탄 바닥에서 기준치 이상의 유해 화학 물질이 검출돼
아이들의 건강을 위협한다고 경고하는 목소리도 높습니다.
운동장을 잃어버린 아이들의 모습을 통해 학교의 내일을 함께 고민해봅니다.

2016. 10. 21

운동장에서 검출된 여러 유해물질 중에서 특히 납은 어린이들에게 치명적입니다.

미국 학생들의 학업 능력을 분석한 2015년 보고서에 따르면 과학과 수학 성적이 OECD 33개 국가 중 24위로 하위권이었습니다. 그런데 성적이 떨어지는 요인으로 지목된 것 하나가 납이 든 페인트였습니다. 즉 납 성분에 쉽게 노출되는 환경이 학습 능력을 떨어뜨린다는 것입니다.

납은 잘 알려진 대로 대표적인 신경계 손상 물질입니다. 체내에서 납 농도가 높아지면 뇌 활동이 느려져 결국 지능 저하로까지 이어지는 '납중독' 증상이 나타납니다. 납중독은 성인보다 유아와 어린이에게서 더 많이 발견됩니다. 성인보다 납 흡수율

이 높고, 한 번 흡수된 납은 몸 밖으로 배출되지 않기 때문에 어릴 때 노출될수록 더 많은 양이 축적될 수밖에 없습니다.

어릴수록 더 치명적인 납은 공교롭게 어린이들이 좋아하는 물건과 공간에서 발견됩니다. 2000년대 이후에 납이 든 페인트를 사용한 학용품과 장난감, 아동용 장신구가 리콜 조치된 사례가 빈번히 발생했고, 2010년대 중반 영국에서는 놀이기구에 칠해진 페인트에서 기준치 이상의 납이 검출되었습니다.

한때 미국에서는 낡은 수도관을 통해 공급된 납 수돗물로 시끄러웠습니다. 우리나라에서도 모래흙 운동장을 대체한 우레탄 운동장과 인조 잔디 운동장에서 '납' 비상이 걸렸습니다.

물론 납 노출이 그대로 납중독을 의미하지는 않습니다. 그렇

다면 안전하다고 여겨지는 체내 납 허용치는 얼마나 될까요?

1970년대 이후 납에 대한 규제를 점점 강화하고 있는 미국은 혈액 1데시리터당 10마이크로그램으로 정했던 납 허용치를 2012년부터 5마이크로그램으로 대폭 낮췄습니다. 10마이크로그램이 어린이들에게 결코 안전선이 될 수 없다는 연구들이 속속 등장했기 때문입니다.

미국과 영국에서 발표된 연구들은 모두 체내 납 허용치였던 10마이크로그램보다 낮은 납 농도에도 유아와 어린이들은 학업 성적과 IQ 저하, 행동 발달에 문제를 보였다는 것을 발견했습니다. 연구자들은 어린이들에게 허용될 수 있는 납 기준치는 원칙적으로 '없다'는 입장입니다.

납 검출로 인해 순식간에
위험 지대가 되어버린 우리 아이들의 운동장.
그런데도 신속한 철거 대신 방치를 택하고 있는 현실은
납에 대한 우리 사회의 안일한 인식을
그대로 보여주고 있는 것 아닐까요.

학교 주변을 오염시키는 주범은 부모? -2017. 10. 27

종이 울리자 어린 학생들이 방독면을 쓰고 교실에서 뛰쳐나온다. 영국에서 제작된 캠페인 영상 속에는 아이들에게 가장 중요한 공간인 학교가 대기오염 물질로 가득 채워져 있는 현실을 경고한다. 한 지도는 영국의 학교 대부분이 대기오염 한가운데 위치한다는 사실을 보여준다. 학교 공기가 오염된 이유는 단순하다. 교통량이 많은 도로와 학교 사이의 거리가 150미터 이내로 너무 가깝기 때문이다. 조사 결과, 영국의 학교 1,000여 곳이 기준치를 초과한 유해물질이 검출된 도로와 가까이 자리했다.

영국 학교만 이런 위험에 놓여 있는 것은 아니다. 미국은 약 8,000개의 공립학교가 고속도로 같은 교통량이 많은 도로에서 150미터 이내에 인접해 있다. 약 440만 명의 학생이 학교에서 독성 대기오염 물질에 노출되어 있는 게 현실이다. 미국 환경보호국은 학교의 대기오염을 심각하게 다룬다. 아직 성장기에 있는 어린이들의 폐 건강에 영향을 끼칠 수 있기 때문이다.

환경보호국은 학교에서 벤젠, 포름알데히드, 아세트알데히드 같은 독성물질 수치가 급격하게 증가하는 특정한 시간대도 밝혀냈다. 공교롭게 아이들이 하교하는 시간에 자녀를 데리러 온 부모들의 자동차가 배기가스를 뿜어내 학교 주변 공기가 더욱 나빠지는 것이다. 실제로 학교 앞에서 자동차 공회전을 금지하자 대기오염 물질이 63퍼센트에서 74퍼센트까지 감소했다.

영국에서 '오염된 운동장'이라는 이름으로 진행 중인 캠페인은 배기가스 배출량이 높은 차량이 학교 주변에 진입하는 것을 금지하거나 교문 앞 100미터 이내에는 정차하는 것도 막는 방법을 제안한다. 무엇보다 학교와 정부가 적극적으로 나서서 보이지 않는 위협으로부터 아이들을 지킬 방법을 찾아야 한다고 주장한다. 교실에서 아이들을 가르칠 의무뿐만 아니라 건강을 보호할 의무 또한 학교와 정부에 있기 때문이다.

쉬는 시간을
10분 더 늘리면

수업이 끝나고 다음 수업이 시작되기까지 쉬는 시간은
예나 지금이나 변함없이 10분입니다. 화장실에 가고 수업을 준비하기에는
적당하지만 친구들과 놀기에는 너무 짧을 것 같은데요.
쉬는 시간이 아이들에게 미치는 영향을 통해 '휴식'의 의미를 함께 되돌아봅니다.

2019. 03. 12

1시간 남짓한 수업이 끝나고 드디어 기다리던 쉬는 시간.

아이들은 교실 밖으로 나가 시끌벅적 뛰어놀거나 친구들과
수다 떠느라 바쁘지만, 10분은 눈 깜짝할 사이에 지나가 버립
니다.

쉬는 시간에 대한 규정은 나라마다 다릅니다. 미국에서는 따
로 정해놓지 않거나 5분 정도에 그칩니다. 캐나다에서는 쉬는
시간을 의무적으로 정하지 않습니다. 퀘벡주에 소속된 학교 40
퍼센트가 일과 중 30분 남짓한 휴식을 제공하는데, 5개 학교 중
한 곳꼴로 오후 수업에는 별도로 쉬는 시간을 고려하지 않고 있
습니다. 하지만 2019년부터 쉬는 시간이 아이들 건강에 미치는
긍정적인 영향을 고려해 한 수업이 끝날 때마다 20분씩 쉬는 시
간을 제공하기로 결정했습니다.

한 아동 작업치료사에 따르면 쉬는 시간은 아이들이 친구들과 야외 활동을 하는 유일한 시간이라고 합니다. 이 짧은 시간 동안 아이들은 지친 몸과 마음을 내려놓고, 친구를 사귀고, 상상력을 펼쳐 놀이를 만들고, 자신의 신체 한계를 시험한다는 것입니다.

아동의 신경 체계는 자연적으로 자신의 감각을 사용해 각자에게 필요한 것이 무엇인지 깨닫게 하는데요. 아동마다 이 자극이 달라 스스로 시험해보지 않으면 제 몸이 어떤 자극을 원하는지 알 수 없어 자유로운 놀이를 통해 자연스레 알아간다는 것입니다. 체육 시간에 스트레칭을 하거나 운동 시합을 하는 것도 신체 발달에 효과가 있지만, 아동의 신경·정서 발달 면에서는 자유롭게 노는 쉬는 시간이 미치는 영향과 비교되지 않는다고 합니다. 잠깐 동안 나무를 타고, 복도에서 달리기 경주를 하는 것이 아이들에게 훨씬 긍정적인 자극을 불러일으킨다는 것이죠.

우리 학교의 쉬는 시간은 어떤 모습인가요?
많은 아이가 친구들과 어울리는 대신 우두커니
앉아 있거나 엎드려 쪽잠을 자기 일쑤입니다.
쉬는 시간의 힘 이전에 집과 학교에서 늘 지친 모습으로
지내는 아이들의 현실을 함께 되돌아봐야 할 시점입니다.

잠 못 드는
아이들의 밤 -2018. 04. 06 / 2019. 03. 15

어린이들에게 잠자리에 들 시간을 알렸던 밤 9시. 하지만 쉽게 잠을 이루지 못하는 아이들이 늘어나면서 '수면 부족'이 학교생활까지 영향을 끼치는 경우가 많아졌다.

2016년, 독일에서 조사한 통계에 따르면 11세 아동 57퍼센트가 밤 9시 기준으로 잠자리에 들었다. 하지만 3년 후 그 비율은 6퍼센트에 지나지 않았다. 평균 수면 시간 역시 1시간 30분 줄어들었다. 영국에서는 수면 장애 진단을 받은 청소년 수가 5년 만에 3,000명 더 늘어났다. 미국의 10대 아동과 청소년 70퍼센트 이상은 수면 부족 상태로 하루를 보낸다고 밝혔다.

아동과 청소년의 잠을 방해하는 요인은 과거보다 더 다양하고 복잡해졌다. 대표적인 요인은 잠자리에서도 디지털 기기를 사용하는 습관으로 불빛이 수면 유도 호르몬 분비를 방해한다. 또한 성적과 외모, 친구 관계 등 불안과 걱정 같은 심리적 요인도 큰 몫을 차지한다. 아이들에게 최소 8시간 이상의 수면이 필요한 이유는 육체적 피로나 신체상의 건강 문제 때문만은 아니다. 수면 부족이 청소년의 음주와 약물 남용, 싸움과 자살 시도 같은 일탈 행동과 직접적인 연관이 있다는 연구처럼 수면 시간이 짧아질수록 정신적인 문제를 겪을 가능성이 높아진다.

청소년이 겪는 수면 부족을 '간과해온 건강 재앙'으로 인지하기 시작한 영국에서는 학교에서 전문적인 커리큘럼을 통해 잠을 제대로 자는 수면 교육을 실시할 계획이다. 실제로 등교 시간을 오전 10시로 늦춰 달라고 정부 청원을 할 만큼 피로를 호소하는 학생들이 늘어난 현실을 반영한 교육지책이다.

미국 시애틀 2개 고등학교는 수면 시간을 늘리기 위해 오전 7시 50분인 등교 시간을 8시 45분으로 1시간가량 늦췄다. 많은 부모가 등교 시간을 늦추면 그만큼 더 늦게 잠자리에 든다고 우려했지만 예상을 뒤엎고 학생들이 잠드는 시간은 비슷했고, 늦춰진 등교 시간 덕분에 수면 시간이 34분 늘어났다. 실제로 학생들의 등교 시간을 1시간가량 늦추면 1년에 10조 원 넘는 경제 효과를 볼 수 있다는 분석도 있다. 수면 부족이 야기하는 각종 사고와 비만, 청소년의 일탈행동 감소로 얻는 부수적 경제 효과를 계산한 결과이다.

수면 부족에 시달리는 아이들의 모습이 사회 문제로까지 대두되면서 낮잠을 허락하는 학교도 생겼다. 핀란드 헬싱키의 한 초등학교는 학교 시간표에 부드러운 음악이 흐르는 편안한 분위기에서 15분간의 낮잠 시간을 포함시켰다. 7~15분간 짧은 낮잠을 자면 학습 내용을 저장하고 집중력을 향상하는 효과가 3시간까지 지속된다는 다수의 연구 결과를 실제 적용해본 것이다.

만성적인 수면 부족에 시달리는 학생들을 위해 미국에서는 낮잠이 꼭 필요한 학생은 수업시간 중에라도 20분간 편안한 휴식을 취할 수 있는 공간을 마련한 학교도 있다. 캘리포니아 대학 데이비스 캠퍼스에는 낮잠을 잘 수 있는 수업이 개설되어 인기를 끌었다. 일주일에 3회 진행되는 이 강좌에서 학생들은 학업의 고단함과 스트레스를 씻어내는 방법을 경험한다. 뿐만 아니라 캠퍼스 안에서 낮잠을 잘 수 있는 공간이 표시된 '낮잠 지도'도 공유되고 있다.

스스로 쉬는 방법을 잊고, 잠드는 것조차 어려워하는 아이들. 목표와 경쟁으로 내몰며 숨 가쁘게 달리는 방법만 가르친 우리 사회가 아이들의 편안한 밤마저 빼앗아버린 쓸쓸한 자화상들이 아닐까.

아이들의 한 끼
얼마인가요?

아이들의 급식 사진이 부러움을 사기도, 화를 불러일으키기도 합니다.
우리뿐만 아니라 세계 여러 나라에서 '급식의 질'에 대한 논란은 끊이지 않습니다.
가장 뛰어난 급식으로 화제를 모은 프랑스와
점심시간 자체가 훌륭한 교육의 도구가 된 미국의 사례를 통해
아이들의 소중한 한 끼에 대해 되돌아봅니다.

2015. 03. 26 / 2017. 04. 19

아이들이 원하는 한 끼, 어른들이 아이들에게 주고 싶은 한 끼는 같은 모습일까요?

미국의 한 외식업체가 세계 여러 나라 아이들이 먹는 급식을 재현해 공개한 사진이 화제가 되었습니다. 음식 재료와 영양의 균형 면에서 세 나라 급식이 우수하다는 평가를 받았는데요. 한국과 브라질, 프랑스 급식이었습니다. 그중 프랑스 급식은 이미 영국과 미국 학생들 사이에서 부러움의 대상이었습니다.

프랑스 급식의 구성은 이렇습니다.
입맛을 돋아주는 애피타이저와 신선한 샐러드, 양질의 단백질을 섭취할 수 있는 메인 요리와 치즈와 빵이 제공되고 디저트가 이어집니다. 집에서 먹는 것보다 질 좋은 한 끼를 누리게 하

자는 것이 프랑스 급식의 기본 목적입니다.

그렇다면 프랑스 급식의 가격은 얼마일까요? 4유로, 우리 돈으로 6,000원 정도입니다. 평균 3,000원대인 다른 나라 급식과 비교하면 꽤 비싼 한 끼입니다. 게다가 극빈층을 제외하고 대부분의 부모는 소득 수준에 따라 10단계로 나눠 최저 1.5유로에서 많게는 4유로 전액을 급식비로 지불해야 합니다. 하지만 프랑스 부모들은 급식비 지불을 당연하게 생각합니다.

여기에는 지나쳐서는 안 될 비밀이 숨겨져 있습니다. 급식비를 내도 상관없을 만큼 풍족한 복지 혜택 때문입니다. 프랑스에서는 아이가 태어나면서부터 각종 양육수당이 지급됩니다. 유아 90퍼센트는 국립유치원에서 무상교육을 받고, 16세까지 교육비 또한 전액 무료입니다. 대학 등록금도 마찬가지입니다. 그래서 프랑스 부모들은 아이들의 한 끼 밥값을 기꺼이 지불하고, 아이들이 누리는 한 끼에 대해 근심도 불안함도 논쟁도 없습니다.

여기 또 다른 아이들의 한 끼가 있습니다.

2013년 〈워싱턴포스트〉가 주목한 일본 초등학교의 점심 급식입니다. 메인 요리 하나와 반찬 하나, 국과 함께 우유와 간단한 후식으로 구성된 단출한 급식은 지역에서 생산한 신선한 식재료만 사용하고 학교에서 직접 조리한 음식만 제공한다는 규칙이 있습니다.

더 특별한 것은 음식 너머에 있습니다. 점심 급식 시간은 먹

고, 쉬는 시간에 그치지 않고 또 다른 교육 기회로 활용됩니다. 조리된 음식을 교실로 가져와 배식을 하고, 식사 후 뒷정리까지 모두 학생들이 도맡습니다. 이 과정을 통해 아이들은 협력과 배려, 공평한 배분과 함께 생활의 기술을 배워갑니다.

교사도 교실에서 함께 식사를 합니다. 특별한 점은 교사는 식사 전에 그날 음식에 들어간 재료를 소개하면서 음식에 대한 이해를 높여줍니다. 평범한 급식 시간이 특별한 수업시간으로 변신하는 것입니다.

특별한 점심시간은 미국에도 있습니다. 캘리포니아 오클랜드 교육구에서는 2년 동안 학생들과 함께 의미 있는 실험을 진행했습니다. 매주 수요일을 '고기 없는 점심 식사'로 정한 것입니다. 동시에 전체 급식 메뉴에서 고기와 유제품 사용을 30퍼센트 줄였습니다. 학교는 콩과 채소를 주재료로 더 맛있는 요리를 제공했고, 고기 사용을 줄이는 대신 같은 비용으로 더 질 좋은 고기를 제공했습니다.

단 하루였지만 급식 메뉴를 바꾼 결과는 놀라웠습니다. 이산화탄소 배출량은 14퍼센트, 물 사용량도 6퍼센트 줄어든 것입니다. 기후변화에 대응할 수 있는 급식이라는 평가도 받았습니다. 그리고 무엇보다 학생들은 한 끼 식사의 힘을 직접 경험했습니다.

1시간 남짓한 점심 시간.
급식 하나도 의미 있게 만들려는 학교의 노력이
학생들에게 특별한 한 끼는 물론
세상을 바라보는 지혜까지 선물합니다.

아침밥을 학교에서 차려주는 나라 —2016. 12. 21

우리나라 청소년 10명 중 3명은 아침밥을 거른다는 통계가 있다. 만약 학교에서 아침 식사를 제공한다면 어떨까?

10대 청소년 40퍼센트가 아침밥을 거르고 등교하는 영국에서 실시한 설문조사에 따르면 응답 교사의 83퍼센트는 학생들이 수업에 집중하지 못하는 이유로 '배고픔'을 꼽았다. 영국 정부는 110만 파운드(약 19억 원) 예산을 들여 '조식클럽'이라 불리는 학교에서의 아침 식사를 지원하고 있지만 저소득층 지역에 한정해 운영되었다. 학교에서 먹는 간단한 아침 한 끼는 마법 같은 힘을 발휘했다. 수업 시작 전에 학생들에게 아침 식사를 제공한 학교에서는 읽기와 쓰기, 수학에서 학습 향상 효과가 나타났다.

뉴욕시 교육 당국은 2017년까지 모든 초·중·고 공립학교에 아침 급식을 확대하겠다고 발표했다. 530개 학교, 33만 9,000명의 학생이 학교에서 아침 식사를 할 수 있게 된 이 계획에는 발상의 전환이 숨어 있다. 교사가 아침 업무를 보는 동안 학생들은 자신의 책상에서 식사를 하고 바로 수업에 참여하는 것이다. 이렇게 장소를 바꾼 이유는 더 많은 학생을 프로그램에 참여시키기 위해서였다.

초등학생의 25퍼센트가 아침을 거르고 등교하는 독일 일부 초등학교에서도 수업 시작 30분 전에 무료 아침 식사 뷔페가 차려진다. 아침 식사를 준비하는 사람들은 지역의 노인들로 아이들의 식사를 도와주고 대화 상대가 되어준다. 전국 130여 개 초등학교에서 자원봉사자 노인 900명이 참여하고 있는 독일어로 '아침 식사'를 뜻하는 '브로트자이트'. 노인이 앞장서서 미래 세대에게 빵과 시간을 제공하자는 프로젝트이다.

학교에서 아침 식사를 제공하기 위해 예산과 아이디어를 동원하는 사회. 아침 한 끼에 쏟는 배려와 관심 속에서 아이들의 미래는 더욱 든든해진다.

아기가 교실로
초대된 이유

캐나다의 한 교실에서는 태어난 지 얼마 안 되는 아기가 선생님으로 변신합니다.
갓난아기가 학생들에게 가르칠 수 있는 것은 무엇일까요?
갓난아기를 돌보면서 약자를 배려하고,
학교 폭력을 줄이는 데 큰 역할을 하고 있는 특별한 수업을 소개합니다.

2015. 06. 11

말하지도 못하고, 걸음마도 못 떼는 생후 2개월 된 아기가 교실에 등장했습니다.

이 아기가 초대된 교실에서는 어떤 일이 벌어졌을까요?

캐나다의 유치원 교사였던 메리 고든(Mary Gordon)은 1995년부터 갓난아기를 교실에 등장시켰습니다. 교실에 초대돼 아이들의 관심을 한 몸에 받은 생후 2~4개월 된 아기들은 9개월 동안 선생님으로 활약합니다. 아기가 선생님으로 변신한 가장 큰 이유는 아무것도 할 줄 모르기 때문입니다. 누군가 돌봐줘야 하는 존재, 그것이 아기가 가진 가장 큰 능력이었습니다.

아기를 만난 학생들은 매순간 아기의 표정과 행동을 통해 상대방의 감정을 헤아리는 능력을 쌓아갔습니다. 바로 공감 능력입니다. 아기를 통해 공감의 싹을 틔우는 이 수업의 이름은 '공

감의 뿌리'입니다. 아기가 왜 우는지, 무엇이 불편한지, 자신을 쳐다보는 까닭은 무엇인지… 아기 마음을 들여다보는 것이 공 감의 뿌리 수업의 전부입니다.

한 명의 아기를 통해 아이들은 얼마나, 또 어떻게 변화했을까요? 2010년, 스코틀랜드에서 발표한 연구에 따르면 공감의 뿌리 수업 이후 아이들의 나눔과 기부 같은 친사회적 행동이 55퍼센 트나 증가했습니다. 또래를 향한 공격성도 60퍼센트 이상 감소 했는데, 실제로 공감의 뿌리 수업이 시작되고 1년 뒤 학교 폭력 이 67퍼센트나 줄었습니다. 학교가 아이들에게 제공한 공감의 기회가 그 어떤 교육보다 큰 효과를 발휘한 것입니다.

학교 폭력 가해자가 줄어든 것보다 더 극적인 변화는 방관자로 머물던 아이들이 피해자를 적극적으로 방어하기 시작했다는 사실입니다. 괴롭힘을 당하는 친구의 아픔이 고스란히 자신에게 전해지자 더 이상 폭력을 외면할 수 없게 된 것입니다.

1996년, 단 2개의 교실에서 출발한 공감의 뿌리 수업은 10년 후에 2,000개 넘는 교실에서 아기를 선생님으로 초대했습니다. 현재까지 약 50만 명 이상의 학생들이 아기를 통해 공감을 배웠습니다.

외부 폭력에 대해 말로 저항할 수 없고,
힘으로 방어할 수도 없는 가장 약한 존재인 아기.
이 연약한 아기가 학생들에게 가르쳐주는 것은
주변의 약자를 돌아보라는 메시지이자
우리 마음속에 잊힌 선(善)의 힘을 일깨우는 것 아닐까요.

학교로 출근하는 유기견 -2017.08.23

미국의 일부 학교에 특별한 선생님들이 등장했다. 바로 동물보호소에 머무는 유기견들이다. 유기견들은 학생들에게 공감 능력과 자신감을 심어주며 상담 교사 역할까지 톡톡히 해내고 있다.

2017년 12월, 뉴욕시 교육청이 도입한 '컴포트독'이란 이름의 교육 프로그램은 7개 공립학교에서 시범적으로 시행됐다. 학생들은 위로견을 찾아와 속마음을 털어놓으면서 접촉을 통해 위안을 받는다.

한때 버림받았지만 이제는 전교생 1,400명의 환영을 받으며 출근하는 시추 믹스견 피티 파커는 소외된 아이에게 다가가 자신감을 심어주고 마음을 다독여주는 훌륭한 선생님이다. 피티는 걷지 못하는 장애 학생의 무릎 위에 앉아 용기를 북돋는다. 실제로 위로견이 있는 학교에서는 학생들의 문제 행동이 줄어드는 효과를 보였다. 뉴욕시 교육청은 컴포트독 프로그램을 점차적으로 확대할 계획이다.

호주의 혹스베리 고등학교에서는 세계 최초의 수업이 시도됐다. 일주일에 2시간 진행되는 수업 내용은 생후 7주 된 강아지에게 안내견 훈련을 시키는 것이다. 강아지는 많은 학생과 만나며 안내견이 꼭 갖춰야 할 인간과의 유대감을 쌓아간다. 학생들은 강아지를 통해 책임감을 기르고 동물에 대한 공포심을 떨쳐나간다.

인간과 개가 서로 도우며 같이 성장해가는 특별한 수업. 교실로 들어온 개들은 학생들에게 언제든 기댈 수 있는 믿음직한 선생님이 되어주고 있다.

교장 선생님의 특별한 소통법

교장 선생님 하면 어떤 이미지가 떠오르나요?
어렵다, 딱딱하다, 멀다··· 아무래도 학생들 입장에서는
대부분 다가가기 어려운 존재입니다. 놀림받던 아이를 위해 삭발을 하고,
갑작스러운 폭설로 휴교령을 전달하기 위해 노래를 부른
교장 선생님을 통해 교사의 역할에 대해 함께 고민해봅니다.

2017. 02. 07

교장 선생님이 의자에 앉자 한 학생이 이발을 하기 시작합니다. 아슬아슬하게 잘려나간 머리카락은 결국 말끔히 사라지고, 삭발이 된 교장 선생님은 이발을 맡아준 학생과 밝은 표정으로 기념사진을 찍습니다. 그런데 두 사람의 헤어스타일이 똑같습니다.

미국 아이오와주의 한 교사가 자신의 페이스북에 남긴 이 영상은 수많은 사람들에게 공유됐습니다. 교장 선생님의 이발을 맡은 열한 살 학생의 이름은 잭슨 존스턴(Jackson Johnstone). 평소 '파파 릭'이라고 부르며 따르던 할아버지가 암 치료로 머리카락이 빠지자 응원하고 싶었던 잭슨은 과감히 삭발을 결정합니다. 잭슨은 삭발을 한 뒤 할아버지에게 담대한 농담도 던졌습니다.

"파파. 우리 빡빡이 모임을 만들 수 있을 것 같아요."

할아버지는 잭슨에게 큰 위로와 감동을 받았지만 학교 친구들은 그렇지 않았습니다. 너 암 걸린 사람 같아, 어이 빡빡이… 잭슨이 친구들에게 놀림을 받았다는 사실을 알게 된 교장 선생님 팀 해들리(Tim Hadley)는 전교생 175명을 한자리에 모았습니다. 그리고 전교생 앞에서 잭슨의 용기를 칭찬합니다.

"네가 매우 자랑스럽다. 멋진 걸음을 내디뎠으며 매우 용감한 행동을 한 것이다. 가족은 나에게도 중요하다. 여러분에게도 가족은 중요할 것이다."

놀림받던 잭슨을 멋지게 변호한 교장 선생님은 학생들에게 놀라운 결심을 발표합니다. 잭슨에게 자신의 삭발을 맡긴 것이죠. 교장 선생님은 진정한 도움과 위로, 상대방에 대한 지지는 말이 아니라 행동에서 비롯된다는 가르침을 자신의 삭발을 통해 전달한 것입니다. 이 이야기는 소셜 미디어를 통해서 더욱 멀리 퍼져나갔습니다. 사람들은 댓글로 자신이 겪은 이야기를 공유하기도 하고, 한 졸업생은 정말 멋진 교장 선생님이라며 자랑스러워했습니다.

"중요한 것은 이거다.
네가 진정으로 믿는 것이 있다면,
그것이 비록 (너의 상식과) 다르다 할지라도
지지하는 게 옳다는 것이다."

교장 선생님이
노래를 부른 까닭 -2015.02.18

폭설이 미국 동북부를 강타한 2015년, 미국의 한 학교 교장 선생님이 특별한 방법으로 휴교 소식을 알려 화제가 됐다.

"루트 95 도로 위엔 흰 눈이 빛나고 있고, 타이어 자국도 보이지 않아. 학교에 오라고 할 수도 있지만 그건 너무 심하잖아. 제설기가 다니지만 차들은 아직도 미끄러지고 있어. 그러니까 학교 오지 말고 그냥 집 안에 있어. 학교 오지 말고 오늘은 자유야. 눈이 너를 자유롭게 해줬어. 정말 오늘 학교 오지 말고 집에 있어. 집에 있어도 돼."

대부분의 학교는 휴교령 같은 공지사항을 자동전화메시지 서비스인 로보콜을 이용하지만, 로드아일랜드에 위치한 모세 브라운 학교 매트 글렌다이닝(Matt Glendinning) 교장 선생님은 학생들을 위해 이 특별한 영상을 제작했다. 애니메이션 〈겨울 왕국〉 주제곡을 개사해 노래를 부르기도 했다.

"학교는 휴교야. 학교는 휴교야! 어제 눈이 너무 많이 왔거든.
학교는 휴교야. 학교는 휴교야! 그러니 집에서 가만히 앉아 있어.
안에 있거나 나가서 놀아, 썰매를 타야지. 추위가 날 막진 못할 거야."

학교 곳곳을 누비며 마치 한 편의 뮤지컬을 펼치듯 노래하는 교장 선생님 모습에 누리꾼들은 호평을 아끼지 않았다. 유튜브에 올라온 영상은 조회 수가 수백만 건을 기록하며 큰 인기를 모았다. 매트 글렌다이닝 교장 선생님이 이런 영상을 제작한 이유는 무엇일까?

"안녕하세요, 여러분께 특별한 인사를 드리고 싶네요. 저는 매트 글렌다이닝입니다. 저는 사립 퀘이커 학교인 모세 브라운 스쿨 교장입니다. 미국 동부 보스턴 바로 옆에 학교가 있습니다. 우리도 대부분 로보콜을 씁니다. 그날은 올해 처음 눈이 오는 날이었고, 그래서 조금은 특별한 이벤트를 해보고 싶었습니다. 우리 학교에는 세 살부터 열여덟 살까지 다양한 연령대의 학생들이 다니고 있습니다. 그래서 약간 창의적이고 조금은 장난스럽고 실험적인 일을 해보고 싶었습니다."

그 누구보다 권위를 벗어던진 교장 선생님의 모습을 좋아하고 자랑스러워 한 것은 바로 이 학교 학생들이었다.

"학생들 반응이 좋아 기뻤습니다. 그 영상을 내보내고 나서 학생들이 이메일을 얼마나 많이 보내줬는지 몰라요. 며칠 지나서 저를 만난 학생들이 이런 얘기를 해주더라고요. 자신들이 예전에 알던 어떤 사람들이 연락해서 '어머! 이게 너네 학교야? 너네 교장 선생님이야?'라고 반응해 자랑스러웠다고요. '맞아, 이거 우리 학교 맞아. 우리 학교 사람들 맞아' 이렇게 말할 수 있었대요."

사실 이 영상은 선생님 4명의 합작품이다. 기획은 홍보 담당 교사가, 촬영은 학교 디지털 미디어 담당 교사가 맡았고, 립싱크와 연기는 교장 선생님 담당이었지만 실제 노래를 부른 주인공은 학교 내 합창단 담당 교사였다. 선생님들 모두 미디어에 익숙한 어린 학생들의 눈높이에 맞추기로 의기투합한 것이다.
전 세계인에게 큰 웃음과 감동을 준 교장 선생님은 이번 일을 통해 무엇을 느꼈을까?

"제 대답은 '이걸 너무 심각하게 받아들이지 말자'는 거예요. 그걸 다 하는 데 3시간밖에 안 걸렸고, 그게 많은 웃음과 즐거움과 기쁨을 만들어냈다는 것이죠. 누군가를 기쁘게 하는 데 그렇게 많은 시간이 필요한 건 아니죠."

선생님이
책을 배달하는 이유

방학 동안 선생님은 어떻게 지낼까요?
미국의 일부 초등학교 교사들은 방학 중에 자신이 맡은
학생들에게 책을 배달하고 있습니다.
학생들이 사는 동네로 직접 찾아가서 책을 건네는 선생님들을 통해
방학 동안 잊힌 아이들의 현실을 함께 살펴봅니다.

2017. 08. 09

책을 싣고 마을을 누비는 이동도서관.

오랜 시간 동안 소외된 사람들에게 독서 기회를 제공한 획기적인 아이디어였지만 그 수가 점점 줄어들고 있습니다. 그런데 미국 곳곳에 이동도서관이 다시 등장하고 있습니다. 초등학교에서 운행하는 이동도서관은 여름방학을 맞은 학생들을 직접 찾아갑니다.

미국 뉴욕에 위치한 베이 초등학교에 재직 중인 선생님들은 이동도서관을 마련하기 위해 기부를 요청했습니다. 많은 사람이 기부에 동참한 덕분에 방학을 맞은 소외된 지역의 학생들에게 책을 배달하겠다는 선생님의 소망이 이뤄졌습니다.

7~8월 학교가 문을 닫는 매주 수요일. 여름방학 중인데도 다

섯 명의 선생님은 이동도서관 버스를 운전해 학생들을 만나러 갑니다. 선생님들이 방학 중에 책을 배달하기로 한 이유는 가정에서 다양한 학습 경험을 하지 못하는 학생들 때문입니다. 베이 초등학교는 전교생 절반 이상이 저소득층 아이들로 방학을 맞으면 오히려 학습 능력이 퇴행할 가능성이 높은 집단입니다.

연구에 따르면 많은 학생이 방학 동안 학기 중에 학습한 내용의 3분의 1을 잊어버립니다. 특히 저소득층 학생들의 경우 개학을 하면 읽기 능력이 2개월 정도 퇴행합니다. 마치 미끄럼틀을 타고 내려온 것 같은 방학 중 '학습 손실' 혹은 '학습 뒤처짐' 현상은 교육 격차를 부추기는 요인 중 하나로 꼽힙니다. 전문가들은 이 현상을 막는 가장 효과적인 방법은 꾸준한 독서라고 지적했습니다.

다섯 명의 선생님은 독서 습관을 길러줄 부모의 관심이 부족하고, 책을 구매할 경제적 여유도 없는 학생들을 직접 찾아가 학습 능력이 뒤처지지 않는 여름방학을 선물하기로 다짐한 것입니다.

정해진 시간에, 정해진 정거장에 멈추는 이동도서관.
정거장이 있는 곳은 아이들이 사는 동네입니다.
아무도 돌보지 않는 방학 때 찾아온 '책 버스'는
아이들에게 공평한 기회의
정거장으로 안내하는 작은 이정표입니다.

학교에
세탁실이 있다? -2019. 05. 03

미국 뉴저지에 위치한 웨스트사이드 고등학교는 교장 선생님과 지역 재단이 힘을 모아 세탁실을 마련했다. 어려운 집안 사정으로 집에서 옷을 빨지 못해 괴롭힘을 당하고 학교에 나오지 못하는 학생들을 위해 마련된 것이다. 아크바 쿡(Akbar Cook) 교장은 세탁실을 마련하기 위해 2년 전부터 여러 지역 재단에 학생들의 상황을 설명하고 기금을 조성해왔다. 기금 덕분에 학교 라커룸에 세탁기와 건조기를 설치할 수 있었고, 이 사실이 SNS에 알려지면서 물품 기부가 이어졌다. 학생들은 매일 세탁실을 편하게 사용하고, 점차 수업에도 빠지지 않았다.

한 통계에 의하면 미국에서 옷을 빨지 못해 학교에 가지 못하는 학생이 수천 명에 달하는 것으로 나타났다. 2015년, 미국의 한 가전업체는 캘리포니아와 미주리 주에 있는 학교 17곳에 세탁기와 건조기를 제공하는 프로젝트를 진행했다. 프로젝트에 참여한 학생들은 깨끗한 옷을 입게 되면서 출석률과 수업 참여도가 매우 높아졌다.

사회학자인 리처드 아룸(Richard Arum)은 이 프로젝트의 성공 요인으로 두 가지를 꼽았다. 우선 깨끗한 옷을 입게 된 학생들이 학교에 나오는 것을 부끄럽지 않게 여기고, 학교뿐만 아니라 지역 사회가 자신이 받는 교육에 관심을 갖고 지지한다는 것을 알게 되었다는 것이다.

웨스트사이드 고등학교는 '라이트 온'이란 프로그램도 진행하고 있다. 지역 경찰과 의논해서 범죄가 많은 밤 시간대에 학교의 안전한 공간을 학생들에게 제공하기로 한 것이다. 이 프로그램 덕분에 총기 사고로 학생을 잃는 일이 더는 일어나지 않고 있다.

학생들이 안전하며 절대적인 지지를 받는다고 느끼게 해주는 것, 학생들이 기본적으로 필요한 것을 가족처럼 채워주는 것. 지역사회와 학교가 궁극적으로 마련해야 할 토대가 무엇인지 다시 한 번 되돌아보게 한다.

교육을 위해
행진하라

2018년, 미국 오클라호마주에서는 교사 수천 명이 파업 행진에 나섰습니다.
10년 동안 이어온 교육 예산 삭감이 교사와 학생의 처지를
열악하게 만들었기 때문입니다. 학생들의 응원 속에서 거리로 나선
선생님들의 소식을 통해 공교육이 처한 위기를 함께 살펴봅니다.

2018. 04. 18

미국 오클라호마주에 사는 교사 린지 스튜어트(Lyndsey Stu-art)는 부족한 월급 때문에 사진사까지 겸하는 이른바 '투잡' 교사입니다.

그녀의 교사 연봉은 3만 5,000달러, 우리 돈으로 약 3,700만 원으로 10년 전 교사 생활을 시작할 때와 같습니다. 그녀는 어떤 교사를 만나도 똑같이 살고 있을 거라면서 오클라호마 교사가 처한 현실을 설명합니다.

오클라호마 교사들의 평균 연봉은 약 4만 2,000달러로 미국 교사 평균 연봉인 5만 7,515달러에 훨씬 못 미칩니다. 따라서 일부 교사는 연봉이 더 높은 주변 지역으로 이사를 가거나 두세 개의 부업을 할 수밖에 없습니다.

오클라호마 교사들은 교육 예산 증가를 요구하며 거리로 나

섰습니다. 한 중학교 교사가 파업을 제안하는 페이스북 페이지를 개설하자 반응은 폭발적이었습니다.

- 그냥 동료 교사들을 초대한 것인가요?
- 몇 명에게만 보냈는데 빠르게 퍼져나가서 폭발했죠.
- 문제가 없었다면 3주 만에 7만 2,000명이 모이진 않았겠죠.

교사들은 소셜 미디어를 통해 상황을 공유했고 2018년 4월 2일, 160킬로미터가 넘는 길을 걸어 주 의회에 도착했습니다.

도착했다! #교육을 위해 행진하라!

교사들의 파업 행진에 학생들도 응원과 지지를 보냈습니다. 교사들은 임금 인상뿐만 아니라 열악한 교육 환경을 개선하라고 요구했기 때문입니다.

저희가 저희를 위해 아니면 아이들을 위해 모였나요?
(우리 아이들이요!)
그들은 뭐가 필요한가요?
(교육 예산이요!)

오클라호마에서 시작된 공교육 개혁의 외침은 웨스트버지니아, 애리조나 지역 교사들까지 서로 지지하며 집회를 이어갔습니다.

수년간 이어진 교육 예산 감축으로
위기에 빠진 미국의 공교육.
교사의 권리와 학생의 권리를 위해
거리로 나선 교사들은 이렇게 이야기합니다.
"오클라호마주의 미래가 제 교실 안에 있습니다."
교사의 권리가 침해당하고, 학교가 무너지고 있다는
우려의 목소리가 커지고 있는 우리 사회가
그들의 목소리를 외면할 수 없는 까닭입니다.

나는 미국의 교사입니다 -2018. 10. 05

2018년, 시사주간지 〈타임〉에 고지서 요금을 내기 위해 3개 직장에서 일한다는 여성의 이야기가 실렸다. 이 여성은 미국 공립학교에서 16년 동안 학생들을 가르친 역사 교사였다.

미국 공립학교 교사들이 새벽부터 오후 늦게까지 학교에서 근무하고, 저녁에는 부업을 해야 하는 생활고에 시달리고 있다. 〈디 애틀랜틱〉에 따르면 미국 초·중등 공립학교 교사의 평균 연봉은 약 5만 8,000달러인데, 교사 대부분은 수업 자료 준비에 상당한 비용을 지출해 경제적 어려움이 배가된다고 한다. 2018년, 웨스트버지니아주에서는 교사 2만여 명이 임금 인상을 요구하며 파업을 진행하면서도 저소득층 결식 학생의 도시락을 챙겼다. 교사들은 임금 5퍼센트 인상 약속을 주 의회에서 받고 9일간의 파업을 마무리했다.

한 여론조사 결과에 따르면 미국인 대다수는 공립학교 교사의 급여가 너무 낮다는 데 공감했다. 〈워싱턴포스트〉가 실시한 여론조사에 따르면 미국인 3명 중 2명은 공립학교 교사의 임금이 너무 낮다고 답했고, 응답자 중 73퍼센트는 공립학교 교사가 급여 인상을 위해 파업을 하면 지지하겠다는 의사를 밝혔다.

한편 낮은 임금 탓에 미국 공립학교는 교사 부족으로 어려움을 겪고 있다. CBS 뉴스에 따르면 플로리다주 포크 카운티 지역은 당장 부족한 교사가 100명에 이른다. 교사 부족은 미국 전역에서 발생하고 있다. 통계에 따르면 2009년부터 2014년까지 교육대학 학생 수는 35퍼센트나 감소했고, 교사가 되어도 5년 이내에 교직을 떠나는 비율이 20~30퍼센트에 달했다. 은퇴한 교사를 재고용하고, 시간제 교사를 고용하는 등 여러 방안이 검토되고 있지만 교사 부족 문제가 장기화될 것이라는 우려의 목소리는 시간이 갈수록 커지고 있다.

학교에서
숙제가 사라진다면?

어린 시절 숙제 없는 학교를 한 번쯤 상상해보지 않았나요?
예전과 달리 숙제 양을 대폭 줄이거나 아예 숙제를 없애는 학교가
점점 늘어나고 있습니다. 숙제가 학생들에게
실질적인 도움을 주는가 하는 의문 때문입니다.
학교에서 숙제가 사라진다면 학생과 학부모, 교사 모두 똑같이 환영할까요?
숙제를 둘러싼 다양한 학교의 모습을 함께 살펴봅니다.

2015. 08. 27

2009년, 캐나다에서 한 부부가 학교 숙제를 법정에 세웠습니다. 부부에게는 매일 저녁 숙제 스트레스 때문에 울음을 터뜨리는 초등학생 자녀가 있었습니다. 실제로 초등학생 혼자 감당하기에 숙제는 너무 많고 또 어려웠습니다. 결국 편안히 휴식을 취하고 내일을 준비해야 하는 저녁 시간은 온 가족이 아이를 도와 숙제하는 시간으로 돌변했습니다.

매일 숙제와 씨름하던 부부에게 커다란 의문이 떠올랐습니다.

"학교 숙제가 아이에게 도움이 되는가?"

우리 모두 당연하다고 여겨왔던 본질적인 물음이었죠. 결국 자녀의 숙제를 없애달라는 소송을 제기한 가족. 과연 법정은 누구 손을 들어주었을까요?

승리는 가족에게 돌아갔습니다.

이 가족은 소송에서 이길 결정적인 증거를 가지고 있었습니다. 학교 숙제가 학업 성취도를 높여준다고 증명한 연구가 거의 존재하지 않는다는 것을 증거 자료로 제출했기 때문입니다.

실제로 학교 숙제는 오랫동안 교육학자들도 매달린 연구 주제였습니다. 하지만 숙제의 효과를 찾으려는 시도는 대부분 실패로 돌아갔습니다. 대다수 연구의 결론은 숙제의 긍정적인 효과가 아니라 역효과를 경고하며 끝을 맺었습니다. 학습 습관을 익히고, 복습 기회를 부여한다는 의미에서 주어지는 숙제의 효과는 제대로 발휘되지 않는다는 것입니다.

가장 큰 원인은 너무 긴 숙제 시간입니다. 미국 듀크 대학이 실시한 연구에 따르면 중학생의 경우 숙제에 매달려야 하는 시간이 하루 1시간 30분, 고등학생의 경우 2시간 30분을 넘으면 숙제의 긍정적인 효과는 사라진다고 합니다. 특히 초등학생의 경우에는 숙제가 오히려 학업 성취도를 떨어뜨리는 요인일 수 있다고 경고합니다.

호주의 연구진은 아예 초등학생의 숙제는 학습에 기여하는 바가 전혀 없을지도 모른다고 결론짓습니다. 초등학생의 경우 숙제로 인한 압박과 불안, 스트레스를 너무 많이 느끼기 때문인데요. 그나마 초등학생에게 학습 동기를 유발할 수 있는 좋은 숙제는 놀이나 마찬가지인 아주 적은 양이라고 말합니다.

전 세계적으로 숙제를 아예 법으로 금지하거나 줄이려는 시도가 계속되고 있지만, 이에 가장 반대하는 이들은 다름 아닌

학부모들입니다. 숙제가 사라진 학교를 반대하는 이유 중 하나
는 숙제의 또 다른 역할 때문입니다. 많은 부모에게 학교 숙제
는 방과 후 자녀들을 효과적으로 통제할 수 있는 수단이기 때문
입니다.

숙제는 과연 누구를 위해 존재하는 것일까요?
집에서도 아이들이 책상에 앉아 있기를 바라는
부모의 마음을 되돌아본다면
숙제를 둘러싼 딜레마 또한 쉽게 풀리지 않을까요.

숙제를
왜 집에서 하나요? -2015. 09. 02

2014년, 숙제에 관한 영국 학부모들의 설문조사를 인용한 영국 일간지 〈텔레그라프〉에 따르면 절반에 가까운 46퍼센트의 부모가 자녀의 숙제를 도와주었다. 게다가 응답한 학부모의 4분의 1은 숙제를 아예 대신 해준다고 답했다. 부모가 도와주는 과목은 수학, 역사, 영어, 지리 순이었다.

누군가의 도움이 있어야 마칠 수 있는 숙제가 어떤 아이들에겐 상처가 될 수 있다. 이 문제를 온 국민에게 제기했던 사람이 있다. 바로 프랑수아 올랑드(François Hollande) 프랑스 전 대통령이다.

2012년 10월, 올랑드 대통령은 교육 불평등을 심화시키는 요인으로 학교 숙제를 지목했다. 부모나 다른 어른, 인터넷이나 참고 서적 도움 없이는 불가능한 숙제가 결국 교육 불평등의 한 원인이 된다는 것이다. 이유는 간단했다. 모든 아이가 집에서 동일한 도움을 받을 수 없기 때문이다. 가정 사정 때문에 숙제를 못 하거나, 남보다 못한 숙제를 한 아이들은 학교에서 상처를 받을 수밖에 없다는 것이다.

올랑드 대통령은 이 문제를 해결할 한 가지 대안을 제시했다. 숙제를 집으로 가져가는 것이 아니라 방과 후 학교에서 마치도록 하자는 것이다. 수업이 끝나는 4시 이후 30분간 숙제 시간을 두고, 부모 대신 교사가 학생들의 숙제를 도와주는 방법이다. 모두 동일한 조건에서 숙제를 하면 아이들은 학습뿐만 아니라 모든 기회를 평등하게 인식할 수 있다는 것이다. 교사의 업무량은 늘어날 수밖에 없지만 숙제를 하는 학생들을 지켜보는 교사는 학생들이 그날 학업을 얼마나 이해하는지 직접 확인할 수 있는 기회를 가질 수 있다고 설명했다.

10년 전 한 대통령까지 나서서 제안한 숙제 논란. 교육을 둘러싼 논란은 늘 현재형이다.

시험에 나오지 않는 문제들

뉴스G

아이들을 평가하는 가장 큰 기준은 시험입니다.
무엇을 어떻게 평가할 것인지는 교육의 목표와 떼려야 뗄 수 없습니다.
교과서에서 배운 지식, 공식과 법칙만을 체크하는 문제들을 맞힌다고 해서
제대로 배웠다고 할 수 있을까요? 아이들의 미래까지 결정짓는 시험,
현실과 동떨어진 평가는 아닌지 MIT의 이상한(?) 시험을 통해 함께 되돌아봅니다.

2019. 07. 02

"전선과 배터리, 백열전구가 있습니다.

여러분은 이것들만 가지고 불이 들어오게 만들 수 있나요?"

MIT 공대 학생들에게 주어진 시험 문제입니다. 흔히 수재가
모여 있다고 여겨지는 이 학교 학생들은 단 한 명도 전기회로를
작동시키지 못했습니다. MIT 학생들이 우수한 성적을 보인 시
험 문제에는 이런 종류의 문제들이 출제되지 않기 때문에 당연
한 결과일지 모릅니다.

법칙을 외우고 공식에 숫자를 대입하는 문제 해결에 뛰어난
수재들. 하지만 생활과 밀접하고 세상이 돌아가는 원리를 다루
는 문제는 어려워합니다.

명문대 학생들을 당황하게 한 또 다른 문제가 있습니다.

"고철을 실은 배가 작은 풀장에 떠 있습니다. 만약 고철을 배 밖으로 던져서 풀장 바닥으로 가라앉힌다면 수위는 어떻게 될까요? 더 높아질까요? 변화가 없을까요? 아니면 더 낮아질까요?"

정답은 '더 낮아진다'입니다. 매사추세츠주의 한 세미나에서 이와 비슷한 문제가 제시됐을 때 교육 전문가들은 수위가 어떻게 변할지 열띤 토론을 벌였다고 합니다.

이 문제를 제시한 주인공은 하버드 대학에서 물리학을 가르치는 에릭 머주어(Eric Mazur) 교수입니다. 머주어 교수의 수업은 인기가 많지만 악명 또한 높습니다. 전통적인 방식으로 수업을 받은 학생들은 머주어 교수 수업에서 형편없는 점수를 받기

때문입니다. 한 학생이 작성한 강의평가 내용을 살펴보면 "정말 많은 것을 배웠다. 유일한 불만이라면 교수님이 우리에게 아무것도 가르쳐주지 않는 것이다. 스스로 배워야 한다."라고 되어 있습니다.

머주어 교수는 배움의 폭에 대해 강조합니다. 학생들이 시험 점수가 올랐다는 것에만 만족하지 않고, 현실에 기반을 두고 세상이 돌아가는 원리에 대해 배울 수 있는 수업이어야 한다는 것입니다.

다시 처음 문제로 돌아가봅니다.

전선과 배터리, 백열전구는 교과서에 나오지 않고 강의실에서 가르치지 않지만 우리 주변에서 흔히 마주치는 과학입니다. 실생활에 반드시 필요한 물건으로 전기회로를 작동시킬 수 없다면 우수한 성적으로 입학한 MIT 공대생들이 과학을 제대로 배웠다고 할 수 있을까요.

이 물음에 대답할 수 있을 때 학교에서 학생들에게 무엇을 가르쳐야 할지 알 수 있을 것 같습니다.

부모라면 누구나 아이를 최고의 대학에
보내고 싶어 합니다. 만약 수재로 불리던 내 아이가
이런 문제를 틀렸다고 하면 어떤 반응을 보일까요?
교과 내용과 동떨어진 문제를 낸 교수가 잘못됐다고
문득 생각하는 건 아닐까요?

세상에서 단 하나뿐인 수업 -2019. 07. 03

학교에서 해결되지 못하고 반복되는 문제들이 있다. 아이들의 수업 부적응과 중도 이탈도 그중 하나이다. 미국 미시건주에서는 교사와 학생들이 아이디어를 모아서 만든 새로운 수업이 대안으로 자리 잡았다.

미시건주 그랜드래피즈에 자리한 한 공립 고등학교에는 직접 나무를 깎아 뼈대를 만들고 방수 코팅을 하는 '목재 수업'이 펼쳐진다. 그랜드강 유역에 위치한 이 지역은 풍부한 목재를 이용한 가구 제조업이 발달했다. 도심에 위치한 가구박물관과 미술관들은 이 지역이 한때 최대의 가구 제조 지역이었다는 것을 말해준다. 하지만 제조업이 침체되면서 지역 경제가 어려움을 겪기 시작하고 아이들도 가정형편에 따라 학교에 적응하지 못하는 사례가 빈번해졌다. 25년 전 모습 그대로 새로운 변화 없는 21세기에 살아남을 수 없다는 것을 깨달은 물리 교사가 색다른 수업을 고민했다.

물리와 더불어 기술, 건축, 공학, 수공예를 아우르는 수업을 만들고 싶었던 교사는 학생들에게 어떤 수업을 하고 싶은지 물었고, 그렇게 '곤보딩(Gone Boarding)' 프로젝트가 시작됐다. 곤보딩 프로젝트는 스케이트보드나 서핑보드 같은 보드를 제작하는 수업이다. 단순한 취미활동으로 오해하기 쉽지만 보드를 캐드로 제작하고 수학, 물리, 화학의 원리와 함께 보딩의 역사를 공부한다. 또한 팀워크와 창의적인 문제 해결, 실패를 극복하는 방법 등도 경험할 수 있다. 완성한 보드는 교사나 다른 학생들이 실제 사용해본 후 평가한다.

곤보딩 수업이 시작된 지 10년, 15명의 학생에서 출발한 수업은 그랜드래피즈 전역으로 확대됐다. 그랜드래피즈 지역에서는 보딩 수업에서 배운 지식이 기존 수학이나 과학 수업에서 배웠던 어떤 지식보다 삶에 유용하다는 인식이 자리 잡았다. 실제로 학생들은 이 프로그램의 경험을 살려서 스노보딩 업체나 리조트 회사에 취직하기도 한다. 재학 시절 곤보딩 영상을 만든 학생들은 직접 영상 제작사를 설립했다. 곤보딩 프로젝트는 학습에 기반을 둔 프로젝트 수업의 좋은 본보기로 주목받았다.

만화책을
교실에 놓으면

시대가 변화하면서 교과서라는 틀에서 벗어난 교육을 시도하려는 움직임이 많습니다.
만화를 활용하거나 미술을 다른 과목에 적용하면 어떨까요?
실제로 많은 학교가 과목과 과목의 경계를 허물고 있습니다.
아이들의 오감을 깨우기 위해 노력하는 다양한 수업에 대해 알아봅니다.

2017. 02. 03 / 2018. 08. 23

그래픽노블 작가 진 루엔 양(Gene Luen Yang)은 〈뉴욕타임스〉
페이스북에서 실시간으로 만화를 그리며 소통을 나눕니다. 하
얀 종이 위에 모습을 드러낸 주인공은 중국의 슈퍼맨 손오공입
니다.

중국계 미국인인 진 루엔 양은 초등학교 시절 만화에 매료된
순간을 잊지 못하고 교사가 된 후 만화책을 교육에 접목하려고
노력했습니다. 만화라는 매체가 어떤 주제든 다룰 수 있고, 다
양한 분위기와 정보를 소화할 수 있다고 판단했기 때문입니다.
그는 수업 시간에 교과서 대신 5~6장 분량인 학습 만화를 학생
들에게 나눠줬습니다. 아이들은 늘 만화를 그려 달라며 큰 호응
을 보였습니다.

진 루엔 양은 학습 만화의 장점에 대해 학생 스스로 학습 과

정을 조절할 수 있다고 설명합니다. 교사의 일방적인 주입식 설명과 달리 만화는 스토리가 있어 학생들은 자신의 호흡에 맞춰 언제든 다시 학습할 수 있다는 것입니다. 기존 교과서와 달리 어려운 내용을 시각적으로 쉽게 표현할 수 있는 부분도 긍정적인 요소입니다.

만화는 또 다른 의미에서 학습 효과를 기대할 수 있습니다. 실제로 만화책을 도서관에 비치하면 방문자가 82퍼센트 증가하고, 만화 이외의 서적도 순환율이 30퍼센트 증가한다는 연구 결과가 있습니다.

만화책은 문해력에도 도움이 됩니다. 문해력이 99퍼센트에 달하는 핀란드 학생들은 60퍼센트가 만화책을 즐겨 읽습니다. 미국 학교에서는 만화 수필 그리기를 과제로 내주거나 만화책으로 영어를 가르치는 등 교육 현장에서 만화책을 활용하는 시도가 늘고 있습니다.

프랑스 파리 외곽에 위치한 한 초등학교 1학년 교실에서 프랑스어 시간이 한창입니다.

아이들은 교과서 대신 고무찰흙으로 글자를 만들면서 단어 공부를 합니다. 완성한 글자는 손으로 만져서 확인한 뒤 복사기를 이용해 작품으로 남깁니다. 아이들은 오감을 이용해 단어 체계를 배우며 즐거워합니다.

학교에서는 언제 어디서나 학생들이 수업 시간에 만든 작품

을 볼 수 있습니다. 고무찰흙 글자 말고도 아이들의 눈을 찍어 확대한 사진도 전시돼 있습니다. 과학 수업 때 시각에 대해 배운 뒤 자신의 눈이 어떻게 생겼는지 자세히 알아보기 위해 촬영한 사진입니다.

프랑스에서는 아이들의 창의력과 유연한 사고를 키우기 위해 국어와 과학 등 다양한 과목에 미술을 활용하고 있습니다. 프랑스 교육부는 2017년부터 문화예술 교육의 일환으로 젊은 예술가 100명이 100개 학교에 상주하는 프로그램을 개발하기도 했습니다.

프랑스가 '예술의 나라'로 불리지만 학교에서 미술 교육이 정착된 시간은 오래되지 않았습니다. 1980년대 프랑스는 공교육의 위기를 맞았습니다. 많은 전문가가 평등 교육이 하향평준화를 야기한다고 지적했지만, 프랑스 정부는 이를 극복하기 위해 경쟁 대신 미술 교육을 강화했습니다. 아이들의 감성과 이성을 조화롭게 발달시켜 학습 수준을 끌어올린다는 계획이었습니다. 이후 미술 교육은 국민 총생산에 영향을 미치는 중요한 요인으로 인식되고 있습니다.

피아르 초등학교 5학년 미술 시간. 오늘 수업은 학교 주변에 있는 사물의 자국을 종이에 옮겨오는 것입니다. 아이들은 도로 표지판, 담벼락 등에 종이를 대고 파스텔로 칠해 본을 뜹니다. 미처 관심을 가지지 않은 주변을 돌아보고, 예술이 멀지 않은 곳곳에 존재한다는 것을 저절로 깨닫습니다. 완성된 그림은 아이들 개성만큼 다릅니다. 미술 시간은 아이들이 왜 이런 그림을 완성했는지 설명하는 것으로 마무리됩니다. 이때 교사들은 아이들의 설명을 듣고 생각을 전적으로 존중할 뿐, 절대로 평가하지 않습니다.

선생님이 만든 만화 교과서.
보고, 듣고, 그리면서 자기 생각을 표현하고
세상을 배우는 미술 수업.
두 수업이 그려내는 풍경은 교육의 대안을 넘어
그동안 외면해온 아이들의 즐거움을
스케치하고 있는 게 아닐까요.

음악 수업이 수학 성적을 높인다 -2017. 10. 18 / 2019. 07. 09

영국의 한 초등학교는 조금 특별한 방법으로 수학 성적을 끌어올렸다.

전교생 90퍼센트 이상이 파키스탄, 방글라데시, 인도에서 온 이민자 자녀인 영국의 페버샴 초등학교는 늘 학업 성적이 전국 평균을 밑돌았다. 학교는 부진한 성적을 끌어올리기 위해 엉뚱하게도 음악 시간을 대폭 늘렸다. 박자를 통해 수학 감각을 익히고 노랫말을 통해 어휘력을 높이며, 악보 그리기를 통해 자연스럽게 쓰기 학습을 시킨다는 계획이었다. 이를 위해 악기 연주, 노래 부르기, 긴 대사를 외워야 하는 뮤지컬 연습과 뮤지션과 함께하는 공연까지 다양하고 즐거운 음악 수업을 마련했다. 일주일에 2~6시간씩 수년간 꾸준히 음악 수업을 진행한 결과 영국 전역에서 실시한 학업 평가에서 수학과 읽기, 쓰기 같은 주요 과목 성적이 전국 평균을 훌쩍 넘어 상위 10퍼센트 안에 들었다.

페버샴 초등학교의 실험처럼 학교의 음악 수업이 두뇌를 긍정적으로 변화시켜 학습 능력과 언어 감각을 높여준다는 연구 결과가 있다.

캐나다 브리티시 콜롬비아 대학은 2002~2003년 사이에 공립 초등학교에 입학한 약 11만 명의 학생을 대상으로 음악 수업 효과를 연구했다. 교내 음악 활동에 참여한 학생과 그렇지 않은 학생을 두 그룹으로 나눠 분석한 결과, 약 11만 명의 학생 중 약 13.7퍼센트인 1만 5,000여 명이 교고 과정인 10학년과 12학년에도 교내 음악 프로그램에 참여했다. 그런데 이 학생들은 수학과 영어는 평균 7~8점이 높았고 교내 음악 활동에 더 열정적으로 참여할수록 성적도 좋았다.

연구진은 학교에서 꾸준히 악기를 배운 학생들은 다른 학생들보다 주요 과목의 학력이 1년 정도 앞섰다고 분석했다. 연구진은 주요 과목에 밀려 점점 음악 수업이 사라지는 현실을 꼬집으며 "더 나은 프로그래머와 수학자를 원한다면 학교는 음악 프로그램에 투자해야 한다."고 강조했다.

실제로 학생들 사이에 음악 격차가 점차 커지고 있다. 어떤 학교에 다니느냐에 따라 음악 수업의 질이 달라지고, 부모의 경제력과 교육 수준에 따라 음악을 누릴 수 있는 경험도 차이가 났다.

베텔스만 재단의 연구에 따르면 독일 청소년의 음악 경험은 부모의 경제력과 교육 수준에 따라 2배 이상 차이가 난다고 한다. 교육 격차에 대한 우려가 높아지는 요즘, 학생 모두가 골고루 음악이 선사하는 혜택을 누릴 수 있는 학교를 만드는 것도 하나의 열쇠가 되지 않을까.

한 손은 두 손보다 강하다, 손글씨의 힘

컴퓨터 키보드를 두드릴 때 두 손의 협동이 필요합니다.
양손을 사용하면 한 손으로 글씨를 쓸 때보다
훨씬 빠른 속도로 기록할 수 있는 장점이 있습니다.
하지만 한 손만 사용하는 필기가 아이들에게 미치는 긍정적인 영향은 엄청납니다.
두 손보다 강한 한 손의 위력을 전해드립니다.

2016. 06. 09 / 2019. 06. 07

설명을 기록하거나 글을 쓸 때 양손과 한 손 중 어느 쪽이 더 유리할까요?

속기해야 한다면 두 손을 사용해 타이핑하는 게 낫지만, 오래 기억하는 게 목적이라면 필기가 유리합니다.

어린이들에게 낯선 문자를 가르치는 실험. 한 그룹은 글자를 직접 쓰면서 문자를 익혔고, 다른 그룹은 키보드를 사용했습니다. 실험 직후에는 두 그룹의 시험 점수가 비슷했습니다. 하지만 몇 주 후 다시 실시한 시험에서는 큰 점수 차이가 났습니다. 글자를 손수 적으면서 익힌 쪽이 점수가 높았던 것이죠.

손글씨가 더 오래 기억에 남은 이유는 느린 필기의 특성상 머릿속에서 정리하는 시간을 가지기 때문입니다.

또박또박 공책에 손으로 필기하는 것을 힘들어하는 초등학생이 늘어나고 있습니다. 손글씨를 쓰는 것보다 키보드를 두드리는 게 익숙한 시대에 당연한 현상이라고 치부해야 할까요.

독일 학교에서는 아이들 글씨가 점점 엉망이 되어가는 현실을 걱정하고 있습니다. 초·중등 교사 2,000명을 대상으로 설문조사를 한 결과 학생들의 손글씨를 알아볼 수 있다고 응답한 초등학교 교사는 단 37퍼센트에 그쳤습니다. 중등학교 교사 43퍼센트도 학생들이 글씨를 쓰는 데 어려움을 겪고 있다고 응답했고, 학생들 필기 속도가 너무 느리다는 답변은 무려 91퍼센트에 달했습니다. 교사들은 한결같이 학생들의 손글씨 훈련에 많은 시간을 투자해야 한다고 강조합니다. 여전히 글씨를 잘 쓰는 능

력이 학습 전반에 걸쳐 중요한 역할을 하기 때문입니다.

손으로 직접 글씨를 쓰는 과정은 맞춤법과 띄어쓰기 능력, 문장 이해력을 효과적으로 높여줍니다. 글씨를 쓰기 위해서 정확한 철자뿐만 아니라 글자마다 다른 모양과 크기, 다음 글자와 글자 사이의 간격까지 한꺼번에 고려해야 해 뇌의 다양한 능력이 활성화되고 집중력도 배가됩니다. 손글씨가 아동의 사고력을 발달시킨다는 연구도 많습니다.

손글씨를 힘겨워하거나 아예 거부하는 아이들이 늘어나는 배경에는 연필을 제대로 쥐지 못하는 현상도 한몫을 합니다. 연필 잡는 법을 몰라서가 아니라 연필 쥘 때 사용할 손가락 힘이 부족하기 때문입니다. 전문가들은 글씨를 쓸 때 필요한 악력은 디지털 기기를 조작하는 손가락 근육 힘과 전혀 달라 아이들이 글씨를 배우기 전에 블록 쌓기처럼 손가락을 많이 사용하는 놀이로 연필 쥐는 힘을 충분히 길러주어야 한다고 강조합니다.

여러분은 언제 마지막으로 손글씨를 써보셨나요.
불안하거나 스트레스를 받고 있다면
펜을 쥐고 직접 글씨를 써보는 게 효과적입니다.
한 자 한 자 이어지는 글씨처럼 뒤얽힌 마음이
가지런히 정리되는 손글씨.
날마다 아이들과 짧은 손편지를 주고받는 것도 디지털 기기는 흉내 낼 수 없는 학습 도구가 되지 않을까요.

하버드의 필수 과목, 에세이 —2018. 12. 13

대부분의 미국 대학은 대학 입시에서 에세이와 글쓰기를 강조한다. 에세이를 대신 써주는 사설 업체를 이용하는 수험생이 문제가 되기도 하지만 SAT 영어 성적과 작문 관련 입상 경력도 체크하기 때문에 스스로 쓴 글인지 아닌지 바로 알 수 있다고 한다. 게다가 대학에 입학한 이후에도 글쓰기 능력은 더욱 강조된다.

하버드 대학에는 1872년에 만들어진 전통적인 글쓰기 프로그램이 있다. '엑스포스 (Expos)'라고 불리는 이 수업은 신입생들이 입학 첫해에 반드시 이수해야 하는 필수 과정이다. 이 과정에서 학생들에게 제공하는 글쓰기 안내 책자를 보면 심리학, 철학, 생명공학, 종교학 등 학생들의 관심사를 반영한 다양한 분야를 다룬다.

10명 내외의 소규모로 진행되는 수업은 매주 두 차례씩 50분 동안 세미나 형식으로 이루어진다. 학생들은 적극적으로 토론에 참여해야 한다. 엑스포스의 핵심 철학은 생각과 글쓰기가 뗄 수 없는 관계인 만큼 좋은 생각이 좋은 글쓰기로 연결되며 이를 통해 의사소통 능력으로 이어진다는 것이다.

글을 쓰면서 자신의 주장을 정리하고, 더 명확하게 의사를 전달하면서 원활한 '소통' 을 할 수 있다는 것. 하버드의 글쓰기 프로그램은 결국 의사소통 교육 프로그램인 셈이다. 하버드에서 글을 잘 쓰는 비결은 고액의 과외나 특별한 노하우가 필요 없다. 다양한 사람들과 소통하고 스스로 좋은 생각을 하는 열린 마음. 우리 교육이 논술에서 바랐던 목표도 바로 이것이 아니었을까.

생존 수영을 아시나요?

뉴스G

우리도 학교에서 초등학생의 수영 실기 수업을 확대하고 있습니다.
수영 수업에는 다양한 영법을 익히는 것뿐만 아니라
'생존 수영'도 필수적으로 포함됩니다.
우리에게는 아직 낯설지만 해외 많은 나라에서
수영 교육의 핵심이 된 생존 수영과 심폐소생술 교실을 통해
아이들에게 진짜 필요한 수업은 무엇인지 되돌아봅니다.

2016. 02. 17

평소 입는 옷차림 그대로 신발을 신은 채 수영을 배우는 초등
학생들이 있습니다.

네덜란드, 프랑스, 독일, 일본 등 많은 나라의 어린이들에게
옷을 입고 수영하는 것은 이상한 일이 아닙니다. 옷을 입은 채
로 일정한 거리를 수영하거나 물에서 오래 버텨야 하는 테스트
도 통과해야 합니다. 학교 수영 수업을 통해 다이빙, 잠수, 구조
능력까지 기릅니다. 물놀이를 즐기고 체력을 기를 뿐만 아니라
해상 사고를 당했을 때 구조될 때까지 버틸 수 있는 능력을 키
우는 것이야말로 생존 수영 수업을 하는 목적이라고 말합니다.

초등학교 2학년 때부터 중학교 졸업할 때까지 학교 생존 수영
수업을 마스터해야 하는 독일 학생들.

수영 수업에서 역점을 두는 부분은 다양하고 화려한 영법이 아닙니다. 자유형보다 중요하게 여기는 능력은 개구리헤엄으로 알려진 평영 수영법입니다. 체력 소모가 많은 자유형에 비해 가장 적은 에너지로 가장 오랫동안 물에서 버틸 수 있는 방법이기 때문입니다.

독일 학생들은 중학교를 졸업할 때까지 4단계로 이루어진 자격증을 취득해야 합니다. 마지막 단계의 자격증을 따기 위해서는 24분 안에 600미터 완주, 3미터 높이에서 다이빙, 2미터 깊이에 잠수한 뒤 물속에서 3개의 링을 찾을 수 있어야 합니다. 그리고 물에 빠진 사람을 구조해 50미터 이상 이동할 수 있어야 자격증을 얻을 수 있습니다. 내 생명을 지키는 것도 중요하지만 다른 사람의 생존을 도울 수 있는 실력을 가다듬는 것이야말로 생존 수영이 추구하는 최종 목표입니다.

빨리 헤엄치는 능력이 아니라
오래 버텨 생존하는 법을 배우는 수영 수업.
우리가 배운 공식과 법칙은 사는 동안 잊히기 마련이지만
몸으로 익히며 자기 자신을 지킬 수 있는 배움들은
평생 삶과 함께할 것입니다.
아이들이 살아가면서 꼭 필요한
다양한 수업을 고민해볼 시점입니다.

생명을 구할 수 있다는 확신을 배우는 수업 -2019. 04. 16

영국은 2020년부터 심폐소생술을 포함한 기본적인 응급 처치법을 중·고등학교 정규 교과 과정에 포함하기로 결정했다. 수년 동안 학교에서 타인의 생명을 구할 수 있는 방법을 도입하자는 캠페인이 이어진 결과이다.

누군가 심장마비가 왔을 때 곁에 있는 사람이 6분 안에 심폐소생술을 실시하면 생존율이 3배 이상 증가한다. 하지만 영국 성인 95퍼센트는 응급 처치를 할 줄 모른다고 응답했다. 제대로 배워본 적이 없기 때문이다.

학교에서 모든 학생이 응급 처치법을 배우면 어떤 변화가 일어날까? 영국심장재단은 학교에서 정식으로 심폐소생술을 가르치는 국가의 심장마비 환자 생존율은 영국의 2배 이상이라고 강조한다. 영국에서는 심정지 상태에 놓인 응급 환자 10명 중 1명만이 생존하지만, 교과 과정에서 심폐소생술을 가르치는 노르웨이는 빠른 조치로 4명중 1명이 생존하기 때문이다. 노르웨이는 1960년대부터 학교 교과 과정에 응급 처치법을 포함시켰고, 2005년부터 11세 이상 학생에게 심폐소생술을 의무적으로 가르치고 있다. 덴마크도 응급 상황에서 심폐소생술을 활용하는 일반인 수가 2배 이상 늘었고, 심장마비 생존율도 3배 높아졌다.

영국 교육부 장관 데이미언 하인즈(Damian Hinds)는 "심폐소생술 같은 응급 처치법에 대한 기본 지식을 습득하면 젊은이들이 어려움에 처한 다른 사람을 도울 수 있다는 확신을 가질 수 있으며 극단적인 경우에는 생명을 구할 수 있다."고 강조한다.

응급 처치법 수업은 생명을 구하는 기술을 익히는 데만 그치지 않는다. 누군가를 도울 수 있다는 자신감을 키우며, 생사 앞에서 무력한 기성세대와는 달리 '생명을 구할 수 있다는 확신'을 가진 세대로 성장시킬 수 있다. 그것이 바로 응급 처치법 수업이 가진 가장 중요한 가치이다.

자꾸 없애는 학교

학교에는 무수한 규칙들이 있습니다.
수업과 수업으로 이루어진 시간 동안 아이들은
보이지 않는 끈에 매달린 인형처럼 질서를 강요받습니다.
규칙을 어기면 말썽을 일으키는 아이로 여겨져 혼나기 일쑤입니다.
수업 종소리도, 숙제도 없는 교실을 통해
학교의 시간에 대해 함께 되돌아봅니다.

2019. 07. 31

학교, 하면 떠오르는 풍경들이 있습니다.

바둑판처럼 똑같이 생긴 교실에 앉아 입 다물고 앉아 있는 학생들. 수업 시간이 시작되고 끝날 때마다 울리는 종소리. 생각만 해도 부담스러운 시험…. 이 당연한 풍경을 바꾸거나 없애면 학교는 어떤 모습이 될까요?

일본 도쿄에 위치한 한 중학교 수업 시간.

학생들은 교실을 벗어나 복도를 아무렇지 않게 거닙니다. 오랫동안 앉아 있는 것을 힘들어하는 아이들을 위해 교무실 앞 복도에 따로 마련한 학습 공간입니다.

이 학교에서는 수업 시간이 끝나도 종소리가 울리지 않습니다. 학생이 지각하는 횟수도 세지 않고, 숙제나 학습 노트를 제

출하는 규칙도 없습니다. 얼마 전에는 중간고사와 기말고사까지 폐지했습니다.

"시험이 학생과 교사 모두에게 성적표를 위한 것이 되어버렸습니다."

이 학교 교장은 시험이 학생 스스로 배우려는 의욕을 이끌어내는 데 어떤 도움도 되지 않는다고 폐지 이유를 밝혔습니다.

최근 일본 도쿄의 공립학교 중에서 정기적인 시험을 폐지하는 학교가 늘고 있습니다. 중간·기말 고사를 없애는 대신 일주일에 3일 정도 단원 테스트를 실시해 평가 자료로 사용합니다. 시험은 일회성으로 그치지 않습니다. 만약 재시험을 희망하는 학생이 있으면 비슷한 수준의 다른 문제를 출제하고 더 좋은 점수를 성적에 반영합니다. 학생 스스로 부족한 부분을 깨닫고 자신에게 맞는 학습 방법을 찾을 수 있도록 유도하기 위해서입니다.

수십 년 동안 학교 풍경을 지배하던 틀에 박힌 수업 시간, 규칙, 시험을 폐지하는 흐름에 대다수의 학생은 반기는 입장이지만 우려하는 목소리도 적지 않습니다. 특히 학부모들은 지나친 자유가 학습 능력을 떨어뜨릴 수 있다고 걱정합니다. 하지만 많은 학교가 학생을 교육의 대상이 아닌 주체로 바꾸기 위해 '없애는' 실험을 계속 이어나갈 계획이라고 밝힙니다.

저마다 다른 아이들을 똑같은 틀에 가두는 학교.
자율성을 키우기 위해 학생에게 맞추는 유연한 학교.
우리가 당연하게 여겼던 학교 규칙을 하나하나 없앨수록
교실에는 아이들이 스스로 학습하는 힘이
채워지지 않을까요.

미래의 학교는 어떤 모습일까? -2017. 09. 19

미래의 학교는 어떤 모습일까? 구글 엔지니어 출신인 맥스 벤틸라(Max Ventilla)는 2013년 미국 캘리포니아주에 '알트 스쿨(Alt School)'을 열었다. 페이스북 창업자인 마크 저커버그 등 실리콘밸리 유명 인사들이 1억 달러 이상 투자한 교육 스타트업이기도 한 이 학교는 IT 기술을 기반으로 한 개인 맞춤형 수업을 제공해 미래형 학교로 기대를 모았다.

알트 스쿨에 다니는 아이들은 만 4세부터 14세까지로 나이가 아닌 개별 관심사와 특성에 따라 반이 나뉘진다. 학생들에게는 자신의 관심사와 목표가 반영된 '플레이리스트'가 매주 주어지고, 태블릿을 통해 플레이리스트에 있는 자신의 과제를 확인하고 교사와 이야기를 나눈 뒤 개별 과제와 그룹 과제를 진행한다.

교실에는 수많은 카메라가 설치돼 아이들의 모습을 녹화한다. 교사는 수업 후에 녹화된 영상을 보며 아이들이 수업을 즐거워했는지, 얼마나 이해했는지 확인하고 다음 수업에 반영한다. 그리고 알트 스쿨 학생들의 모든 데이터는 중앙 관리 시스템에 모인다. 이곳에서 프로그래머와 교사는 긴밀히 협력하고, 교사는 이를 바탕으로 학생들에게 더욱 효과적인 개인 맞춤형 학습 과정을 설계한다. 미래 사회에 대비할 수 있는 인재를 양성하기 위해 알트 스쿨을 설립했다는 맥스 벤틸라는 이 학교의 학습 데이터로 소프트웨어 플랫폼을 만들고 이를 다른 학교에도 보급하려는 궁극적인 목표를 갖고 있다.

"교육에 대해 다시 생각해보았습니다. 교육 주체는 학생이므로 우리는 학생이 필요하고 관심 있는 교육을 제공합니다. 그리고 프로젝트 교육을 받은 학생들은 실제로 세상에 긍정적인 영향을 주는 공동체 일원이 될 것입니다."

알트 스쿨은 개교 4년 만에 뉴욕을 포함해 미국 전역에 7개 학교를 열었다. 알트 스쿨 시스템을 채택한 사립학교도 늘어나고 있다.

방학, 세상을 배우는 시간

방학 내내 학원에 다니거나 개학을 앞두고 밀린 숙제를 몰아서 한 추억들,
누구나 하나쯤은 가지고 있을 것입니다.
하지만 요즘 아이들은 방학을 맞이해도 학원을 오가면서
학교생활과 다름없는 시간을 보내기 일쑤입니다.
세계 여러 나라의 방학 풍경을 통해 진정한 방학의 의미를 함께 고민해봅니다.

2018. 07. 17

미국의 한 초등학생이 노트에 작성한 방학 계획입니다.

"집안일 도와드리기, 어른 도와드리기, 집 지붕 고칠 때 도와드리
기, 페인트칠하기, 정원 가꾸기….”

이 노트의 주인공은 방학 동안 집안일을 돕는 게 가장 중요한
일이라고 생각합니다. 방학에 어떤 집안일을 도왔는지, 느낌이
어땠는지 기록하는 것이 방학 숙제이기 때문입니다.

캐나다의 한 학생은 여름 캠프에 가거나 물놀이를 하고 집에
돌아오면 간식을 먹고 텔레비전을 시청하거나 도서관에서 빌
려온 책을 읽습니다. 어떤 방학 숙제도 없기 때문입니다.

프랑스는 방학 숙제가 없는 나라로 알려져 있습니다. 프랑스

말라르메 중학교 교사인 프레데릭은 평소에 학생들이 하루 절 반을 학교에서 보내는 만큼 방학은 '가족들과 식사하고 대화하 도록 배려하는 시간'이어야 한다고 주장합니다.

이탈리아 북동부 아드리아 해변 마을에 자리한 돈 코스보 고 등학교 교사인 체사레 카타(Cesare Catà)는 페이스북을 통해 학 생들에게 내준 방학 숙제로 화제가 됐습니다.

"가끔 아침에 혼자 해변을 산책하라. 최대한 책을 많이 읽되, 읽어 야 하기 때문에 읽지는 마라. 부정적이거나 공허한 느낌을 들게 하는 것, 상황, 사람들을 피하라. 슬프거나 겁이 나더라도 걱정하 지 마라. 최소한 한 번은 해가 뜨는 것을 보아라. 욕하지 마라. 우

리 수업에서 필기했던 것을 다시 훑어보라⋯."

체사레 카타는 아이들이 방학 동안 이런 숙제를 하고 나면 학생이 아닌 한 사람으로서 성장할 수 있다고 믿습니다.

이와 대조적인 방학 풍경도 있습니다.

2018년 3월 중국에서는 한 10대 소녀가 방학 동안 숙제를 다 끝내지 못한 것을 비관해 아파트 15층에서 뛰어내린 사건이 있었습니다. 소녀는 다행히 구조대의 구명 쿠션 덕분에 목숨을 건졌지만 방학 중에도 학생들이 받아야 하는 학업 스트레스에 대한 우려가 제기됐습니다.

극단적인 문제는 없었지만 공부가 전부인 우리 학생들의 방학 계획표도 영어특강, 수학학원, 선행학습, 특별과제 등으로 빼곡한 게 현실입니다.

세상을 배우는 시간, 방학.
우리 아이들은 방학 동안 집에서도
학교처럼 지내고 있는 게 현실입니다.
부모와 함께 시간을 보내고,
자연을 경험하라는 숙제마저 부담될 수 있는 학교 밖 시간.
모든 아이가 공평하게 방학을 즐길 수 있는 방법이
무엇인지 진지한 고민이 필요한 시점입니다.

환영받는 방학의 조건 —2019. 01. 18

방학 중에도 학기 때와 별반 차이 없는 하루를 보내는 초등학생이 많다. 특히 맞벌이 가정의 초등학생 대다수가 학교 돌봄 교실과 학원을 오가며 시간을 보낸다.

다른 나라의 방학은 어떨까? 프랑스에서는 1월부터 12월까지 1년 동안 징검다리처럼 등장하는 빨간 날이 바로 방학이다. 한 학년의 마무리 겸 새 학년 준비 기간으로 7월에 시작되는 2개월간의 여름방학과 9월 새 학기 이후 대략 6주에 한 번씩 돌아오는 2주간의 4번의 방학. 프랑스 학생들은 1년간 5번의 방학을 통해 학업에 지친 몸과 마음을 재충전할 기회를 수시로 가진다.

초등학생 어린 자녀를 둔 '일하는 부모'에게 잦은 방학은 부담으로 작용하지 않을까? 1년간 120여 일 가까이 학교는 문을 닫지만 대개의 공립 유치원과 초등학교에는 방학을 맞은 아이들을 환영하는 공간이 있다. 바로 여가센터이다. 학기 중에 방과 후 활동을 책임지는 이곳은 방학이 되면 이른 아침부터 보호자의 퇴근 시간까지 아이들의 하루를 책임지는 공간으로 변신한다. 양질의 교육과 다채로운 놀이 프로그램이 펼쳐지는 여가센터는 친구들과 만나 하루 종일 놀 수 있는 놀이터이자 박물관과 자연으로 데려다주는 야외 체험학교, 예술 활동을 마음껏 할 수 있는 작업실이자 다양한 스포츠를 배울 수 있는 학원 역할도 한다. 그리고 점심 식사를 제공하는 돌봄의 공간이기도 하다.

프랑스 교육부와 지자체가 지원하는 여가센터의 하루 이용비는 10개 구간으로 나뉜 가정의 소득 수준에 따라 달라진다. 부모의 경제력에 좌우되지 않고 배우고 싶은 것을 배우고 놀고 싶은 만큼 놀며 소외되지 않는 하루를 보낼 수 있다. 1970년대부터 본격적으로 발전하기 시작했다는 프랑스의 여가센터는 아이들에게 보다 평등한 방학 경험을 선사하는 동시에 부모들에게는 사교육에 의존하지 않고도 자녀에게 휴식과 놀이 그리고 배움을 제공할 수 있는 기회를 선물하고 있다.

즐거운 여름방학을 기부합니다

영국의 어린이들이 여름방학 선언문을 발표했습니다.
어른들은 방학을 맞이한 모든 어린이의 즐거움과 안전을 보장해야 한다는
주장인데요. 가정형편이 어려운 어린이들에게 여름방학은
외로움과 위험을 견뎌야 하는 기간이기도 합니다.
즐거운 여름방학을 모든 아이들에게 선물하기 위한 노력들을 함께 살펴봅니다.

2019. 08. 16

"어린이들은 방학 동안 굶지 말아야 합니다. 부모님이 일하는 동
안 집에 혼자 남겨지는 어린이는 없어야 합니다."

영국 런던에 살고 있는 어린이들이 또박또박 선언문을 발표
합니다. 어린이들이 직접 만든 〈여름방학 선언문〉에는 여름방
학 동안 모든 어린이가 누려야 할 권리가 들어 있습니다.

"모든 어린이는 신나는 체험과 따뜻한 식사를 할 수 있는 '방학
클럽'에 갈 권리가 있습니다."

학교에 가지 않는 방학 동안 많은 아이가 굶주림과 외로움 그
리고 두려움을 경험합니다. 영국 런던만 하더라도 70만 명에 달

하는 아동이 빈곤한 여름방학을 보낼 가능성이 있다고 합니다.

"나는 방학 때 정말 학교가 그립다."
"나는 개학을 손꼽아 기다린다."

런던의 저소득층 아동 66퍼센트는 여름방학 동안 배고픔을 경험합니다. 50퍼센트는 부모가 일하러 가는 동안 보호자 없이 혼자 남겨지고, 90퍼센트는 가족과 외출 한 번 하지 않고 여름방학을 보냅니다.

"가끔 나는 하루 종일 낮잠을 잔다. 배가 고프기 때문이다."
"개학 때 이야기할 게 하나도 없다. 왜냐하면 나는 아무것도 안 했고 아무 데도 가지 않았기 때문이다."

영국의 어린이 복지재단에서 제작한 영상에는 영국 내 수많은 어린이가 맞닥뜨린 여름방학의 현실을 고스란히 보여줍니다. 이러한 현실을 더 이상 외면할 수 없어 특별한 기부가 시작됐습니다. 어린이들에게 신나는 여름방학을 선물하는 '서머 기브(Summer Give)' 캠페인입니다. 2019년에는 스포츠, 예술, 레저, 돌봄에 이르기까지 런던 각 지역에서 활동하는 44개 단체가 캠페인에 참가했습니다. 후원자들은 마음에 드는 체험 프로그램을 골라 참가비를 기부할 수 있습니다. 해마다 10~15억 원가량의 기부금이 모여 매년 1만 5,000명이 넘는 어린이들이 신나는 여름방학을 선물 받았습니다.

독일에서도 학생들이 방학을 알차게 보낼 수 있는 '페리엔파스(Ferienpass)'라 부르는 일종의 방학 이용권이 있습니다. 10~15유로, 우리 돈으로 2만 원 정도인 페리엔파스만 있으면 박물관과 동물원, 놀이공원, 극장을 대폭 할인된 가격으로 이용할 수 있고, 무료로 스포츠와 예술 프로그램에 참여하거나 캠핑을 떠날 수 있습니다.

우리에게 즐겁고 안전한 여름방학을 보장하라.
어른들을 향해 방학의 권리를 주장하는 아이들의 목소리.
방학마저 차별의 시간으로 둔갑한
안타까운 현실이 묻어 있습니다.

여름방학의 맛있고 건강한 배낭

-2016. 08. 03 / 2019. 08. 20

가정형편에 따라 방학 동안 자녀를 위해 지출하는 비용은 큰 차이를 보인다. 2014년 미국 학부모들은 자녀 1인당 평균 958달러, 우리 돈 100만 원 정도를 지출했다고 한다. 하지만 미국 6~12세 어린이 11퍼센트가 여름방학 중 일주일에 10시간 이상을 홀로 보낸다고 밝혔다.

더욱이 학교 급식이 없는 방학 동안 취약 계층 아동 7명 중 1명이 끼니를 거르고, 값싸고 구입하기 쉬운 패스트푸드를 자주 먹어 오히려 과체중이나 비만이 될 우려가 컸다. 과도한 열량 섭취와 영양 불균형은 건강뿐만 아니라 개학한 후에도 학습 능력이 저하되는 원인이 되었다.

이 문제를 극복하기 위해 미국에서는 방학 동안 결식 우려가 있는 학생들을 위해 일주일에 한 번씩 각 지역의 푸드뱅크에서 '음식 배낭'을 무료로 제공했다. 이 배낭 안에는 인스턴트식품 대신 영양의 균형을 맞춘 식재료와 신선한 과일이 담겨 있다.

방학 동안 영국 런던의 결식아동에게 음식을 제공하는 '키친 소셜' 프로그램 역시 건강한 음식에 초점을 맞춘다. 학생들은 신선한 식재료와 조리법에 대해 배우고 각자 요리한 음식을 먹는다. 음식만 제공하던 무료 급식 프로그램과 달리 결식아동 스스로가 건강한 음식을 만들어 먹을 수 있고, 또 좋은 음식을 선택할 수 있는 능력을 길러준다. 순간의 허기를 채워주는 한 끼보다 더 건강한 음식을 주기 위한 고민의 결과이다.

방학이 되면 자녀에게 미안해지는 수많은 부모와 즐거워야 할 방학에 더 외로워지는 아이들. 단순히 아이들을 경제적으로 뒷받침하는 것을 넘어 외로운 마음을 달랠 근본적인 지원책을 마련해야 하지 않을까.

위기의 시대,
새로운 습관을 위한 오래된 조언

감염병의 나날이 2년 가까이 지속되면서
학교와 집 그 중간에 갇힌 아이들이 많습니다.
등교와 폐쇄가 반복되면서 학생들 건강을 위해 당연한 결정이라는
반응이 있는가 하면 또 스트레스와 불안감을 호소하는 학부모도 있습니다.
호주의 노력을 통해 끝이 보이지 않는
코로나-19 시대의 학교에 대해 함께 고민해봅니다.

2020. 05. 13

광활한 자연이 펼쳐진 호주 퀸즐랜드.

우리나라 면적의 18배에 해당하는 이곳에서는 스쿨버스가 한 학생을 태우기 위해 60킬로미터 이상을 달립니다. 매일 스쿨버스 안에서 3시간을 보내며 180킬로미터를 왕복해 등교하는 학생도 있습니다.

코로나-19 사태로 당연한 공간으로 여겨진 학교를 둘러싼 혼란이 2년 가까이 이어지면서 호주 퀸즐랜드 지역이 주목받고 있습니다. 주변 자연환경이 척박하고, 학교를 오가는 거리가 머나먼 이곳에서는 1950년대부터 원격 교육이 시스템으로 자리 잡았습니다.

초반기에는 교사가 학교에 부스를 만들어 라디오로 수업을 진행했습니다. 아이들은 주파수 넘어 들려오는 교사의 수업 내

용을 듣고 전화 통화로 대답을 했습니다. 일명 '통신 학교'라고 불리던 '원거리 학교'는 점차 인터넷과 컴퓨터를 활용한 비디오 수업으로 확장했고, 오래전부터 '미래 학교'라고 불려왔습니다. 그리고 50년 넘게 축적된 노하우는 온라인 교육 시스템 및 정책, 홈스쿨링의 토대가 되고 있습니다.

호주의 한 주정부는 온라인 독서 챌린지를 통해 학생들에게 과제를 제시하고 초·중·고등학교 학생들의 문해력 교육을 주도합니다. 코로나-19 때문에 집에서 자녀 교육을 돕는 부모에게 원격 교육 수당을 지급하는 아이디어가 논의되기도 합니다.

호주의 한 공학자는 이번 코로나-19 사태를 지켜보며 '변화를 대하는 자세'를 강조합니다. 역사적으로 중요했던 변화는 위기에서 나왔다는 것입니다. 흑사병이 휩쓴 시대에 많은 도시에서 공중위생 환경이 개선됐고, 세계대전 이후에 여성이 사회에 진출할 기회가 늘어난 것처럼 코로나-19를 극복하는 과정에서 더 편리한 시스템과 진보된 교육 제도가 나올 거라고 기대하는 것입니다. 실제로 코로나-19가 아이들의 건강한 생활습관을 기르는 계기가 되었다는 목소리도 있습니다.

아이들의 세계를 지켜준다고 믿었던 학교.
코로나-19가 항상 가까이 존재한다고 믿었던
학교와 아이, 집과 교육의 거리를 되돌아보게 합니다.
끝이 보이지 않는 코로나-19 시대가
우리 학교에게 위기가 될지 기회가 될지
판가름하게 하는 것은
어쩔 수 없는 일상의 변화에 대처하는
우리의 유연한 마음에 달려 있지 않을까요.

3부
아이들이 주인공이 되는 세계

아이들도 어른들과 똑같은 세계를 살고 있습니다.

아이들이 보고, 듣고, 느끼는 세상은 어른들이 바라보는 세상과 같을까요?

어떤 편견도 없는 아이들의 시선이야말로

세계를 바라보는 가장 정확한 안목이 아닐까요.

학교 바깥의 세계, 아이들의 눈에 비친 세상은 어떤 모습인지

우리가 함께 꿈꾸는 미래와 세계로 안내합니다.

세상의 공정함을 믿기 시작하는 나이

언제부터 세상을 판단하기 시작했나요?
갓난아기는 자신을 둘러싼 세상이 평등하다고 믿을까요?
세상이 공정해야 한다고 믿기 시작하는 나이는 놀랍게도
생후 15개월부터라고 합니다. 시간이 지날수록 공정함에 대한
판단이 흐릿해지고 마는 어른들보다
나은 아이들의 놀라운 능력을 소개합니다.

2014. 11. 27

뭐든 제멋대로 굴고 자기밖에 모르는 것처럼 보이는 일곱 살. '미운 일곱 살'이라는 오명을 얻은 이 아이들은 오직 자기 자신만 생각하는 것일까요?

일곱 살 아이들은 놀라운 반전을 숨기고 있습니다. 그맘때 아이들 마음속에는 공정함에 대한 개념과 원칙이 굳건하게 자리 잡고 있습니다.

인간은 언제부터 공정함을 깨닫는 것일까?

근본적인 의문에서 시작된 연구가 꾸준히 이어지고 있습니다. 최근 한 실험에 따르면 공정함을 아는 나이는 생후 15개월까지 낮춰졌습니다.

과자와 우유가 똑같이 나눠지는 상황과 차별해서 나눠지는

상황. 이 장면을 비디오로 지켜본 15개월 된 아기들은 불공평한 상황이 나오자 놀라는 표정을 지으면서 화면에 더욱 집중했습니다. 15개월 된 아기도 공정한 상황과 그렇지 않은 상황을 구분할 줄 아는 것입니다. 그러나 아기들의 공정함에 대한 의문은 공정한 행동으로 이어지지는 않습니다. 생각을 행동으로 옮기기 시작하는 나이는 의외로 자기 위주의 행동이 최정점에 이르는 일곱 살입니다.

연구진은 공정함에 대한 태도가 연령대별로 어떤 차이가 있는지 알기 위해 3~8세 어린이들을 대상으로 스티커 분배 실험을 했습니다. 아이들에게 인기 있는 스티커를 4장씩 나눠준 뒤 친구와 나눠 가져야 한다고 말했습니다. 그러고는 몇 장씩 나눌

거냐고 질문하자 연령과 상관없이 '친구들과 똑같이 나누겠다'는 대답이 돌아왔습니다.

하지만 실제 행동은 달랐습니다. 아이들 대부분 자신이 스티커를 더 많이 가지거나 친구에게 아예 나눠주지 않는 아이들도 있었습니다. 그러나 일곱 살 아이들은 달랐습니다. 친구들과 똑같이 나누겠다는 다짐을 그대로 실천한 것입니다. 일곱 살 아이들은 공정함을 반드시 지켜야 하는 규칙으로 인식하는 것입니다.

공정함의 바탕이 되는 정의감은 더 일찌감치 싹틉니다. 생후 8개월만 되어도 공동체를 위험에 빠뜨리는 행동은 처벌을 받아야 한다고 생각합니다.

오리를 괴롭히는 빨간 코끼리, 방해꾼 빨간 코끼리에게 호의를 보이는 노란 사슴과 벌을 내리는 녹색 사슴. 8개월 된 아기들이 호감을 표시한 대상은 당연히 녹색 사슴이었습니다.

일곱 살 아이들이 실천하는 공정함과
8개월 된 유아들도 알고 있는 정의.
아이들이 본능적으로 품고 있는 세상을 향한
따뜻한 생각은 언제까지 지속될 수 있을까요.
이 소중한 능력들이 사라지지 않도록 도와주고
지켜주는 방법. 그 시작은 바로 집과 학교,
세계가 보여주는 공정한 세상이 아닐까요.

어린이도
뉴스 시청자입니다

우리나라에는 없지만 영국과 독일, 네덜란드에 있는 것,
바로 어린이 시청자를 위한 뉴스 프로그램입니다.
그 역사가 30년을 넘은 뉴스도 있습니다. 시청률은 비록 높지 않지만
어린이를 위한 뉴스를 포기하지 않는 이유는 무엇일까요?
세계 여러 나라의 오래된 어린이 뉴스를 통해
아이들을 위한 뉴스의 필요성을 살펴봅니다.

2017. 01. 18

한 사회의 오늘 소식을 전하는 뉴스.

뉴스는 성인들의 전유물일까요?

2012년, 총선을 앞둔 네덜란드에서 주요 정당의 대표 다섯 명
이 선거 토론 방송에 출연했습니다.

토론의 첫 번째 주제는 선거의 주요 이슈였던 '부자들에게 세
금을 더 거둬야 하는가?'였습니다. 각 정당 대표들이 정책 입장
을 설득해야 할 대상은 바로 어린이들이었습니다. 뒤이어 다섯
정치인은 진지한 태도로 자신이 속한 정당의 어린이 정책을 자
세하게 설명하고, 어린이들이 쏟아내는 질문에도 성실하게 답
했습니다. 풍선 빨리 불기 같은 우스꽝스러운 게임도 마다하지
않았습니다. 이들이 출연한 프로그램이 다름 아닌 어린이 뉴스
였기 때문입니다.

네덜란드 공영방송 NOS에서 매일 아침과 저녁에 방송되는 어린이 뉴스 프로그램 〈요크 저널〉.

9~12세 시청자를 위한 어린이 뉴스 프로그램이지만 정치·사회 이슈를 배제하지 않습니다. 어른들이 시청하는 뉴스와 다름없는 내용을 어린이 눈높이에 맞게 재구성한 것이 차별점입니다. 때로는 '외식이 집밥보다 낫다' 같은 주제를 두고 활발한 의견을 주고받습니다. 선거, 환경, 차별 같은 주제가 아이들의 미래를 위해 중요한 뉴스라면 아이들이 직접 겪는 오늘의 일상 또한 중요한 이슈이기 때문입니다.

1981년에 첫 방송을 한 후 올해로 36년째
꾸준히 어린이에게 뉴스를 제공해온 네덜란드 공영방송.
뉴스에 출연해 진지하게 어린이들을 만나는
정치인들과 일찌감치 사회 구성원으로
정치 참여를 경험하는 어린이들.
어린이들이 뉴스를 통해 한 사람의 진지한 시청자이자
알 권리를 가진 시민으로 존중받는 풍경.
우리의 뉴스는 어떤 계층을 향해
소식을 전하고 있는지 다 함께 되돌아볼 시점입니다.

영국과 독일의 최장수 어린이 뉴스 —2017. 01. 25 / 2017. 02. 01

영국과 독일에는 수십 년 동안 방송되고 있는 청소년과 어린이를 위한 뉴스가 있다. 영국의 〈뉴스라운드〉는 BBC 어린이 채널 CBeebies에서 오후에 방영되는 뉴스 프로그램으로 6~12세 어린이를 대상으로 매일 5~10분 분량의 짧은 뉴스를 방영한다.

〈뉴스라운드〉는 미국 대통령 선거, 브렉시트 등 성인 뉴스와 다를 바 없는 내용을 다룬다. 2015년 총선을 앞두고 어린이들이 정책을 검증하는 시간에 출연한 당시 영국 총리 데이비드 캐머런은 '당신 말고 선거에서 이겼으면 좋겠다고 생각하는 정치인이 있나요?' 하는 10세 소녀의 질문에 진땀을 흘려야 했다. 이렇듯 어린이 뉴스는 사회와 정치 그리고 아이들을 둘러싼 세계와의 연결 고리 역할을 한다.

독일의 제2공영방송 ZDF에서 제작하는 〈로고〉는 매일 10분 동안 방송하는 어린이 뉴스이다. 8~14세 어린이가 주 시청층인 〈로고〉 또한 포퓰리즘, SNS 난민, 북한 문제 등 정치, 사회, 국제 이슈 등 일반 뉴스와 똑같은 주제를 다룬다.

매년 약 500만 유로, 우리 돈으로 약 70억 원이 제작비로 쓰이는 〈로고〉는 어린이가 정치, 사회 문제에서 멀어지지 않고 깨어 있는 시민으로 성장하기를 바라는 기성세대들이 든든히 떠받치고 있다. 실제로 독일은 14세 이상이면 정당 가입이 가능하고, 18세가 되면 투표권뿐만 아니라 피선거권까지 얻는다. 2002년 19세의 나이로 최연소 국회의원에 당선된 안나 뤼어만(Anna Lührmann)이 탄생할 수 있었던 배경이다.

하지만 어린이 뉴스는 점점 설 자리를 잃어가고 있다. 종이 신문이 사라지듯 경기 침체와 코로나-19 등 수많은 경제 논리에 떠밀려 아이들의 눈높이에 맞춘 '세계 돋보기'의 역할이 등한시되고 있다. 2020년, 〈뉴스라운드〉는 경영난을 이기지 못하고 48년 역사를 뒤로하고 온라인으로 전환됐다.

세계를 보는 시각을 기르는 교육

가짜 뉴스가 심각한 사회 문제로 떠오르면서 뉴스를 비판적으로 읽는
미디어 교육의 필요성이 강조되고 있습니다.
일방적인 뉴스 뒷면을 살펴보고, 자신의 관점을 기르는 교육은
당연하게 여겼던 주입식 교육을 되돌아보게 합니다.
뉴스를 제대로 읽는 힘과 교육의 상관관계를 함께 살펴봅니다.

2018. 11. 20

누군가 SNS에서 '이민자와 범죄율'과 관련된 뉴스나 발언을
보내온다면 어떻게 할까요?

영국의 한 인터넷 사이트에서는 직접 '팩트 체크'를 할 수 있
습니다. 검색창에 '이민자'와 '범죄'라는 키워드를 입력하면 사
이트 내 프로그램이 BBC와 의회 발언록에서 확인 가능한 발언
을 자동으로 가져와 관련된 정보를 다양하게 보여줍니다. 이 가
운데 하나를 클릭하면 해당 내용이 사실인지 아닌지 정부 자료
를 토대로 사실 여부를 검증해줍니다.

최근 몇 년 동안 세계 여러 나라에서 가짜 뉴스를 차단하고
팩트 체크하는 방법들이 관심을 모으고 있습니다. 그만큼 거짓
정보가 선거, 혐오, 차별과 관련해 엄청난 영향을 미칠 정도로

각종 인터넷 커뮤니티, 동영상, SNS를 통해 급속히 확산됐기 때문입니다.

듀크 대학의 빌 어데어(Bill Adair) 교수는 자신이 개발한 팩트 체크 사이트로 퓰리처상을 수상하기도 했습니다. 그렇다면 이런 뉴스 선별 사이트들이 과연 얼마나 도움이 될까요?

미국 뉴욕 브루클린에 위치한 '뉴스 리터러시 센터'에서는 학생과 교사를 대상으로 비판적인 사고력을 기르는 교육을 진행합니다. 이른바 '미디어 리터러시(Media Literacy)' 교육의 일환으로 어디까지를 가짜 뉴스로 규정할 것인지 범위를 정하고, 다양한 출처를 내세우는 정보들이 사실은 어떤 목적을 위해 하나의 특정한 출처에서 나왔다는 것을 확인하는 훈련입니다. 정보

를 무조건적으로 믿지 말고, 항상 비판적으로 읽으면서 그 속에 담긴 의도를 찾고 사실을 확인하도록 가르칩니다.

수업이 끝난 후에도 뉴스의 신빙성을 판단할 수 있도록 팩트 체크 사이트 같은 정보를 공유합니다. 뉴스 리터러시 센터는 이러한 사이트가 스스로 판단할 수 있는 능력을 기르는 데 큰 도움이 된다고 말합니다.

인터넷이 발달하기 전부터 가짜 뉴스는 존재했습니다.
진실은 피로하고, 소문은 솔깃한 '뉴스'의 그늘은
일방적으로 주어지는 지식을 암기하는
주입식 교육의 부작용도 한몫합니다.
이런 의미에서 '각종 미디어 정보를 주체적으로
해독하는 능력'을 기르는 미디어 리터러시 교육은
가짜와 진짜를 구분하는 데 그치지 않고,
세상을 공정하게 바라보는 시각과 공정한 잣대를
기르는 조그만 힘이 되고 있습니다.

가짜 뉴스와
청소년 -2017. 02. 08

SNS로 소통하는 10대 청소년들은 가상 세계에서 범람하는 각종 정보를 선별하는 능력이 있을까? 심각한 사회 문제로 자리한 가짜 뉴스의 온상지로 떠오른 SNS를 접하는 청소년들은 어떤 입장일까?

스탠퍼드 대학 연구진이 미국의 중학생들에게 4개의 트윗을 제시하며 가장 믿을 만한 '소식'을 찾아보라는 질문을 던졌다. 작성자와 글의 내용, 형식은 다 달랐지만 4개 모두 '경찰 고위 간부의 사임' 이슈를 전하는 트윗이었다. 이 가운데 공신력 있는 기관이 작성한 트윗은 단 하나였다. 미국 공영방송 라디오 뉴스였고, 다른 트윗과 달리 상세한 기사 내용을 확인할 수 있는 링크도 덧붙어 있었다. 하지만 중학생 절반 이상은 다른 트윗을 가장 신뢰했다. 이유는 간단했다. 사진이 있고, 설명이 가장 길고 자세해서 믿을 수 있다는 것이었다.

미국 12개 주의 10대 중학생부터 대학생 7,804명을 대상으로 온라인 정보 해석 능력을 평가한 스탠퍼드 대학 연구진은 10대 청소년 대부분이 SNS에 유통되는 거짓 정보와 가짜 뉴스를 그대로 믿는다고 발표했다. 특히 작성자가 누구든 사진 크기가 클수록, 내용이 길고 자세할수록 진실로 받아들였다. 조사 대상의 82퍼센트는 기사 형식을 흉내 낸 광고에 대해서도 정보의 진위를 의심하지 않았다.

스탠퍼드 대학 연구진은 학교 교육을 통해 거짓 정보를 구별해내는 방법과 신뢰할 수 있는 정보를 찾는 법을 가르쳐야 한다고 강조한다. 〈뉴욕타임스〉를 비롯한 주요 언론들은 청소년을 대상으로 SNS의 가짜 뉴스를 구별하는 기술을 자세히 소개하기 시작했다.

SNS를 통해 유통되는 온갖 정보 속에서 가치 있는 정보를 가려내 자기 것으로 취하는 능력. 앞으로 10대 청소년들이 학교에서 갖춰야 필수 능력으로 자리 잡지 않을까.

학교에서 신문을
읽어야 하는 이유

전 세계가 가짜 뉴스로 몸살을 앓으면서 다양한 대책이 마련되고 있습니다.
싱가포르에서는 '징역 10년, 벌금 8억 4,000만 원' 처벌 법안을 검토 중이고,
각종 SNS 기업들도 대안을 내놓고 있습니다.
학교에서는 미디어 리터러시 교육의 역할을 강조하는데,
오히려 전통적인 종이 신문이 대안으로 부상하고 있습니다.

2016. 11. 23 / 2019. 04. 04

미국에서 네 번째로 많이 읽히는 신문이 초등학교 학생들에게 배달됩니다.

신문을 교육에 활용하는 NIE(Newspaper In Education) 프로그램에 쓰기 위한 것인데요. 교사가 신문사에 미디어 리터러시 교육을 하고 싶다고 요청하면 원하는 요일에 신문을 무료로 발송해줍니다.

미디어 리터러시 교육을 중요하게 여기는 미국에서는 전문 미디어 교육 강사가 존재하고 주기적으로 정보를 읽는 힘을 키우기 위해 배웁니다.

한 교사가 학생들에게 오래전 〈시애틀 포스트인텔리젠서〉 첫 페이지를 보여주고 편견을 찾도록 합니다. 학생들은 색연필로 단어나 문장을 체크하며 과제를 수행합니다.

한 학생이 제2차 세계대전 당시 일본인 포로수용소 관련 기사에서 '일본계 미국인'이 아닌 '일본인'이라고 쓰인 표현에 주목했습니다.

"왜 그렇게 했다고 생각해?"
"미국 시민을 수용했다는 이미지를 주지 않으려고 했던 것 같아요. 일본인을 추방했다고 하고 있어요."
"'추방'이라는 단어를 쓴 의도가 있을까?"

교사는 아이들에게 끊임없이 질문하며 스스로 생각하게 합니다. 토론과 질문을 통해 사고는 자연스레 확장되고 긍정적인 자기반성까지 이끌어냅니다. 아이들은 어린 시절부터 뉴스에 사용된 단어 하나하나가 메시지를 위해 선택된다는 것을 이해하고, 미디어가 전달하는 진짜 의미를 구분하는 힘을 기릅니다.

온라인 뉴스에 밀려 종이 신문이 설 자리가 좁아지고 있지만 일본과 프랑스에서는 최고의 학습 교재로 여겨집니다.
2013년, 일본 문부과학성은 매일 신문을 읽는 학생이 좋은 성적을 거둔다고 발표했습니다. 그해 전국학력시험 점수를 분석해본 결과, 매일 신문을 읽는 6학년 초등학생과 그렇지 않은 학생의 산수B 과목 정답률은 각각 65퍼센트와 55퍼센트로 차이가 났습니다. 중학교 3학년 국어B 과목도 신문 읽는 습관에 따

라 점수가 10퍼센트가량 벌어졌습니다. 매일 신문을 읽는 학생들이 높은 점수를 얻은 두 과목은 여러 지식을 응용하는 문제가 출제됐습니다.

핀란드에서도 학생들이 국제학업성취도 평가에서 좋은 성적을 얻는 이유로 신문을 꼽습니다. 핀란드에서는 6~10세 어린이가 구독자인 '작은 일간지'라는 뜻의 〈프티 코티디엔(Petit Quotidien)〉처럼 연령에 맞는 다양한 신문을 고를 수 있습니다. 실제로 매일 신문을 읽는 학생과 신문 읽기를 게을리하는 학생 사이에는 약 1.5년 정도의 학력 차이가 존재합니다.

프랑스에도 연령별로 세분화된 일간지가 존재합니다. 구독 연령이 어리다고 해서 정치와 사회 이슈를 배제하지 않습니다. 다만 어린이 눈높이에 맞춘 단어와 사진을 사용해 어린 시절부터 세계를 제대로 읽는 눈을 기르는 교재 역할을 합니다.

모바일 뉴스와 달리
한눈에 세상을 펼쳐 보이는 종이 신문.
세계를 넓고 깊게 바라보는 시선뿐만 아니라
학습 능력까지 기르는 종이 신문을
주변에서 점점 사라지기 전에 자녀와 함께하는
식탁으로 가져오면 어떨까요.

그냥 어린이라고
불러주세요

성별에 따른 편견과 고정관념은 유아기 때부터 형성됩니다.
아이들을 부를 때 어떤 호칭을 사용하는가에 따라 아이들의 태도도 달라집니다.
남자아이, 여자아이라는 구분이 성별 고정관념을 강화시킬 수 있기 때문이죠.
아이들을 부를 때 성별을 구별하지 않는 유치원을 통해
호칭의 중요성을 되짚어봅니다.

2016. 06. 22

아들과 딸, 소년과 소녀, 남성과 여성.

누구에게나 익숙한 이 호칭들은 성별을 구분하기 위해 쓰입니다. 당연하게 여겼던 이런 호칭들이 우리의 생각과 행동에 미친 영향은 없었을까요?

미국의 한 유치원에서 3~5세 아동들을 대상으로 아주 단순한 실험을 했습니다.

연구진은 교사가 아이들을 부를 때 반드시 남녀를 구분한 호칭을 쓰게 했습니다. 성별을 드러낸 호칭이 아이들 행동에 어떤 영향을 미치는지 알아보기 위해서였습니다.

"남자 친구들 안녕!"

"여자 친구들! 간식 시간이에요."

"남자 친구들, 여자 친구들 모두 집중!"

2주간 실험이 계속되자 예상대로 아이들의 행동이 차츰 변하기 시작했습니다. 장난감을 고르거나 줄을 설 때, 함께 놀 친구를 고를 때 아이들은 이전과 다른 기준을 중요하게 여겼습니다. 바로 성별이었죠.

연구진은 교사나 어른들이 아이들에게 남녀를 구분한 호칭을 사용할 때 좀 더 신중해야 한다고 말합니다. 성별이 담긴 호칭에 자주 노출될수록 아이들은 남녀의 차이와 구분에 더 집중하며, 이는 성에 대한 고정관념과 편견으로 남을 수 있기 때문입니다. 연구진은 남자아이, 여자아이라는 호칭 대신 되도록 성별을 뺀 '아이'나 '어린이' 혹은 '친구'라는 호칭을 사용하라고 조언합니다.

스웨덴의 몇몇 공립 유치원은 성별을 구분한 호칭을 사용하지 않습니다.

교사들은 아이들을 가르칠 때 스웨덴어로 '남성(han)'과 '여성(hon)'을 지칭하는 대명사를 쓰지 않고, 남녀 모두를 지칭하는 대명사 '헨(hen)'을 사용합니다. 아이들을 부를 때는 성별 구분 없이 그냥 '친구'라고 부릅니다.

남녀를 구분하는 호칭이 사라진 유치원. 아이들이 배우는 직

업에도, 장난감이나 놀이에도 남녀의 구분은 존재하지 않습니다. 누구나 꿈꿀 수 있는 직업이고, 누구나 즐길 수 있는 놀이일 뿐입니다.

공주님, 왕자님….
소중한 내 아이를 무심코 구분해서
부르지는 않았나요.
물론 남녀를 따로 구분해 불러야 할 때도 많지만
우리가 남성과 여성을 나눠 부를 때
어떤 의미와 편견은 없었는지
한 번쯤 되짚어보는 것은 어떨까요.

만화 속 주인공들은 행복했을까 —2016. 03. 30

어린이들이 즐겨 보는 만화영화 주인공들은 어떤 세상에서 살고 있을까?

미국의 연구진이 디즈니가 제작한 인기 애니메이션 36편을 분석했다.

우선 주인공들이 어떤 계층에 속해 있는지 분류했는데, 애니메이션을 이끌어가는 67개의 중심 캐릭터 중 38개 이상이 중산층 이상이었다. 미국 어린이 25퍼센트가 빈곤층인 현실에서 가난한 삶을 살고 있는 캐릭터는 단 4퍼센트에 불과했다. 캐릭터에 대한 묘사도 계층에 따라 달랐다. 가난한 등장인물은 게으르게 묘사된 반면, 부자들은 똑똑하고 부지런하게 묘사했다.

연구진이 무엇보다 중요하게 지적한 것은 애니메이션 속 세상이 가난과 불평등을 바라보는 태도였다. 가난한 캐릭터들은 늘 즐겁고 만족스러운 삶을 살아가는가 하면 가난에서 벗어나는 일 또한 쉽게 그려진다. 착한 마음을 가지면 부자도 되고, 큰 보상도 받을 수 있다는 것이다. 문제는 이런 메시지가 어린이들에게 현실의 가난과 불평등에 대해 잘못된 인식을 심어줄 가능성이 크다는 것이다.

소년들이 열광하는 슈퍼 히어로 캐릭터에도 함정이 숨어 있다. 잘못된 남성관을 심어줄 수 있다는 것이다. 고성능 무기, 여성들 앞에서 허세를 부리는 모습으로 남성다움을 과시하기 때문이다.

현실 속에 존재하지만 현실과는 동떨어진 세상을 묘사하는 어린이 애니메이션.

그 속에 담긴 세상은 아이들이 꿈꾸는 환상이 아니라 어른들이 꿈꾸는 환상이 아니었을까.

우리는 모두 다르다

서울 한 지역에서 특수학교 설립을 둘러싼 갈등으로
장애 아동을 둔 부모가 무릎을 꿇는 안타까운 장면이 뉴스를 통해 방영됐습니다.
교육부 통계에 따르면 국내에 특수교육이 필요한 학생은 8만 9,353명이라고 합니다.
이 아이들이 성장하는 과정에서 어떤 교육이 필요한지
유럽의 사례를 통해 되돌아봅니다.

2017. 09. 27

영국 케임브리지의 한 중학교.

중등교육 자격시험 성적표가 학교에 도착한 날, 상상하지도 못했던 합격 소식을 받은 열일곱 살 루크 콜린스(Luke Collins)는 환하게 웃음 지었습니다. 뇌성마비와 자폐증으로 공부에 어려움을 겪던 루크의 성공은 가족은 물론 학교에도 생명을 불어넣었습니다.

라이언 켈솔(Ryan Kelsall) 교장은 "모든 학생이 빛날 수 있으며, 그 출발점이 어디든 관계없이 최선을 다하면 성취할 수 있다는 것을 확인했다."며 함께 기뻐했습니다.

영국이나 독일을 비롯한 유럽 학교들은 장애인을 위한 특수교육에서 한 걸음 더 나아가 통합 교육을 실시합니다.

특수학교의 경우 소수의 장애 학생을 전문교사들이 전담합니다. 엘리베이터, 휠체어를 태울 수 있는 셔틀버스는 물론, 물리 치료실, 음악 치료실, 언어 치료실 등 재활시설을 갖춘 곳도 많습니다. 장애 학생들은 특수학교에서 공부할 수 있지만 원할 경우 일반 학교를 선택할 수 있습니다.

학생과 학부모의 반응은 어떨까요? 별다른 항의나 거리낌도 없습니다. 한교실에 장애를 가진 친구가 있다고 해서 내 아이가 손해 보는 게 없기 때문입니다. 부모들은 오히려 아이의 사회성이 좋아진다고 느낍니다. 아이들이 장애 학생들과 함께 지내면서 배려를 배우고 서로 어울리는 법을 알아갈 수 있기 때문입니다. 그래서 교실 안에서는 야외 수업 갈 때 휠체어를 타는 학생

들을 어떻게 할지 함께 논의하는 자연스러운 분위기가 형성됩
니다.

  장애가 '이유'가 되지 않는 것은 '차이'가
  장애인과 비장애인 사이에만 존재하는 것은
  아니라는 인식 때문입니다.
  '어차피 사람은 누구나 다 다르다.'
  한 교사의 말은 장애인 학생들을 바라보는 우리 사회의
  시선이 얼마나 뒤틀어져 있는지 되돌아보게 합니다.

<세서미 스트리트>의
새 친구 줄리아와 릴리 -2017. 04. 28 / 2018. 12. 28

<세서미 스트리트(Sesame Street)>는 1969년 미국 공영방송 PBS에서 처음 방영된 미국 어린이 텔레비전 프로그램이다. 2017년, 이 방송에 자폐증이 있는 네 살 줄리아가 새로운 캐릭터로 합류했다. 프로그램 제작진은 자폐증에 대해 오래 조사하고 전문가에게 조언을 받아 캐릭터 연구에 신중했다고 밝혔다. 줄리아의 움직임을 담당하는 스테이시 고든(Stacy Gordon) 역시 실제로 자폐증을 앓는 아들의 엄마이다.

붉은 단발머리에 초록색 눈동자를 가진 줄리아는 사이렌 같은 큰 소리에 예민하고, 친구들과 게임을 할 때면 흥분해서 깡충깡충 뛴다. 하지만 여느 아이들처럼 친구들과 노는 걸 좋아하고, 사랑받기를 원한다. 어린이들은 줄리아의 행동과 친구들의 반응을 통해 나와 다른 사람을 이해하고 어울리는 법을 간접적으로 경험한다.

미국 질병통제예방센터(CDC)에 따르면 미국 어린이 68명 중 1명이 자폐증 진단을 받았고 그 수가 점점 늘어나고 있다. CNN 등 해외 언론은 줄리아의 등장을 중요하게 보도하면서 이제는 자폐증에 대해 관심을 두고 서로 이야기를 시작할 때라고 말했다. 나아가 줄리아가 고유한 존재로서 있는 모습 그대로 사랑받기를 바랐다.

<세서미 스트리트>는 50년 가까이 방영되면서 시대 흐름에 따라 다양한 캐릭터가 등장했다. 집 없이 떠도는 노숙 아동을 대변하는 릴리, 에이즈에 걸린 외톨이 카미…. 제작진은 세상의 수많은 어린이가 이미 겪고 있거나 앞으로 겪을 현실을 프로그램 안에 녹이며 잘못된 정보와 편견을 깨뜨리기 위해 노력했다. 세서미 스트리트에 사는 아이들은 친구들과 함께 힘겨운 현실 헤쳐 나가는 법을 깨닫는다.

다르고 별나고 부족한 누구라도 배척당하지 않는 마을, 세서미 스트리트. 세계 최장수 어린이 프로그램 속 아이들은 냉혹한 현실 속에서도 행복한 결말을 만들어가는 비결을 우리에게 가르쳐준다.

아이들 누구나
겪을 수 있는 일, 폭력

요즘 10대 청소년들이 가장 두려워하는 것은 무엇일까요?
최근 영국에서 발표한 보고서에 따르면 영국의 어린이와 10대 청소년들이
가장 두려워하는 일은 바로 폭력입니다. 폭력의 피해자가 될까 봐
일상생활이 불안하다는 고백은 그들만의 이야기는 아닐 것입니다.
10대 청소년들이 느끼는 일상의 두려움을 통해
우리 아이들의 내면을 함께 들여다봅니다.

2015. 03. 05 / 2017. 10. 06

"2010년 이래 현재를 살고 있는 청소년과 어린이들이 가장 불안
한 일상을 살고 있다."

영국의 한 보고서에 따르면 아이들을 가장 힘들게 하는 것은
부모도, 가정형편도, 가난도 아닌 범죄에 대한 공포였습니다.
10~17세 아이들 중 40퍼센트, 약 220만 명이 각종 폭력의 피해
자가 자신일 수 있다는 두려움 속에서 하루하루를 지내고 있습
니다.

소녀 3명 중 1명은 늘 낯선 사람이 따라올까 봐 두려워하고,
소년 4명 중 1명은 폭행을 당할까 봐 두려워합니다. 지난 2개월
동안 실제로 폭행과 도난을 경험했다는 응답도 17퍼센트나 차
지했습니다. 주로 또래에게 물건을 빼앗기거나 괴롭힘을 당한

것입니다. 텔레비전에 출연한 한 10대 소녀는 자신들이 느끼는 두려움의 수준이 정말 심각하다고 호소했습니다. 특정한 누군가가 아니라 모두가 피해자가 될 수 있다는 불안감이 널리 퍼져 있다는 것입니다.

보고서는 경찰과 정부, 기성세대가 어린이와 청소년이 마주한 폭력의 공포를 심각하게 받아들여야 한다고 주장합니다. 그리고 청소년 정책의 최우선 순위는 어떤 교육 정책보다 앞서 그들 사이에 널리 퍼진 폭력 범죄를 해결하는 것이어야 한다고 밝힙니다.

인간이 살아가면서 친구의 영향력이 가장 커지는 시기가 있습니다. 바로 열다섯 살, 중학교 2학년에 해당하는 시기입니다. 이 나이 청소년의 뇌는 또래 집단으로부터 인정받을 때 가장 큰 보상을 느낍니다. 그래서 또래 집단은 행복의 원천인 동시에 '왕따'라는 폭력을 행사하는 위협적인 존재로 둔갑할 소지가 있습니다.

따돌림을 당한 상처는 학창 시절과 함께 끝나는 것일까요?

공교롭게 왕따 피해자 3분의 2는 가해자로 돌변했습니다. 게다가 학창 시절 왕따 폭력의 가해자였던 사람들은 훗날 여자 친구나 배우자에게 신체 폭력을 가할 확률이 4배나 높았으며 절도나 사기 등 범죄에 연루될 가능성도 높습니다.

따돌림을 당한 피해자들이 겪어야 하는 삶은 더욱 심각합니다. 7,771명의 어린이를 대상으로 한 영국의 연구 결과에 따르면 28퍼센트가 이미 7~11세 사이에 왕따를 경험했다고 답했습니다. 이 피해자들이 50세가 될 때까지 관찰한 결과 '트라우마'는 인생 내내 계속되었습니다. 사람들과 갈등이 잦고, 우울증과 불안에서 벗어나지 못하고, 늘 자살을 염두에 두며 살아갔습니다.

전문가들은 아이와 부모와의 관계를 통해 따돌림을 부추기는 또래의 압력에 저항하는 법을 훈련할 수 있다고 말합니다. 부모 말에 무조건 복종해야 하는 환경에서 자란 아이들은 부당한 요구에도 침묵하는 사람으로 성장할 가능성이 크지만, 부모에게 논리적으로 맞서는 태도가 허용된 환경에서 자란 아이들은 부당한 폭력과 맞서 싸울 수 있는 능력을 키울 수 있다는 것입니다.

언제 자신에게 가해질지 모르는 폭력과
범죄의 압박 속에서 두려움에 떠는 아이들.
하루하루 '공포의 유년기'를 보내는
아이들을 위해 어른들이 가장 먼저 해야 할 일은
부당한 폭력과 비리를 외면하지 않고
맞서 싸우는 모습을 보여주는 게 아닐까요.

꿈을 말할 수 있는 학교 -2017. 10. 11

학교 폭력이 심각한 사회 문제로 떠오르면서 학교는 물론 정부도 근본적인 대책을 마련하기 위해 고심하고 있다.

일본 홋카이도의 작은 마을 오토이넷푸(音威子府)에 위치한 한 고등학교는 학교의 교육 목표부터 되돌아보라고 전한다.

마을에서 세운 미술·공예 고등학교에는 일본 전역에서 학생들이 문을 두드린다. 100여 명의 전교생은 학교에 적응하지 못해 등교를 거부하는 등 나름대로 상처를 간직하고 있다. 일본 사회도 무기력증이나 불안한 심리로 한 달 이상 결석하거나 등교를 거부하는 아이들이 심각한 문제로 떠올랐다. 학교 폭력과 왕따 문제로 중학생 37명 중 1명, 고등학생 60명 중 1명이 '학교 공포증'을 앓는 것으로 나타났다.

마음 깊이 상처를 안은 아이들은 홋카이도의 강과 숲에서 자연과 교감하고 예술가의 꿈을 키우며 변화한다. 학생들은 친구를 적대시하며 치열한 경쟁에 뛰어들지 않는다. 꿈은 스스로 찾아야 하기 때문이다. 자연히 싸움을 걸거나 위협하는 일도 거의 없다. 학교와 교사들은 스웨덴의 디자인 학교와 연계해 유학 및 파견 기회를 제공하거나 작품전을 마련하는 등 아이들이 꿈을 찾아가는 과정을 응원한다. 교사들은 대회 입상을 통해 얻은 감동과 자신감은 학생이 성장하는 힘이 된다고 믿는다.

'기적의 학교'라고 불리는 오토이넷푸 미술·공예 고등학교의 목표는 '꿈을 말할 수 있는 학교'이다. 이런 목표 아래에서 스스로 개성을 기르고 자신을 표현하는 법을 배우는 3년…. 학생들은 성공이 아닌 꿈을 찾아간다. 학교가 지향하는 교육 목표가 반드시 '세계 초일류', '글로벌 리더 양성'처럼 거창할 필요는 없다. 학교의 목표는 학생이어야 하기 때문이다. 학교가 바뀌면 아이들도 바뀌고 아이들의 상처도 치유할 수 있다.

SNS와 청소년 우울증의
연결 고리

최근 10년 사이 우울증을 앓는 10대 청소년이 급격히 증가했습니다.
전문가들은 우리나라뿐만 아니라 미국과 유럽 주요 국가들의 청소년들도
동시에 겪고 있는 우울증의 원인으로 SNS 사용 시간이 늘어난 것에 주목합니다.
아이들의 소통 창구가 된 SNS의 부작용과
가상세계에서 위로받을 수밖에 없는 현실에 관해 살펴봅니다.

2019. 08. 06

2009년 이후, 미국에서는 우울증을 앓는 10대 청소년이 급격
히 증가했습니다. 14~17세 사이 청소년 우울증 환자가 60퍼센
트나 늘어난 것입니다. 미국과 마찬가지로 영국도 청소년 우울
증에 빨간불이 켜졌습니다. 그런데 남학생보다 여학생이 우울
증을 앓는 비율이 2배 더 높았습니다.

10대 청소년들이 점점 더 우울해지는 현상과 함께 등장하는
하나의 키워드가 있습니다. 바로 SNS입니다.

소통하고 공감받기 위해 접속하는 SNS.

청소년들은 왜 SNS를 보는 시간이 길어질수록 더 우울해지는
것일까요?

청소년들이 여가시간에 주로 접하는 4가지 유형의 화면 중 무

엇이 청소년 우울증과 가장 큰 연관이 있는지 밝힌 연구가 있습니다. 캐나다 몬트리올에 거주하는 14세 청소년 약 4,000명을 대상으로 이들이 4년간 어떤 종류의 화면을 얼마나 봤고, 감정이 어떻게 변화했는지 분석한 결과 청소년 우울증과 관련된 매체는 SNS와 텔레비전이었습니다.

연구진은 청소년이 SNS와 텔레비전에서 목격하는 이미지에 주목했습니다. SNS 사용 시간이 늘어날수록 완벽한 외모, 다채롭고 풍요로운 일상을 누리는 타인의 모습을 더 많이 보게 됩니다.

한마디로 '내가 가지지 못한 것'. 청소년기에 느끼는 박탈감은 자존감을 낮추고 우울한 기분을 불러일으킵니다. 그리고 우

울할수록 SNS에서 위로해줄 친구를 찾는 악순환이 거듭되는
것이죠.

상처받기 쉬운 예민한 청소년기에 SNS는
건강한 관계를 만들어주는 도구가 될 수 없다고
전문가들은 말합니다. 하지만 청소년들은
바로 소통과 공감, 위로를 찾아 SNS에 빠져듭니다.
SNS로 향한 그들의 시선을 진짜 세상으로
돌리기 위해 필요한 것은 무엇일까요?
어쩌면 이 질문에 앞서 아이들은 어른들이
외면한 따뜻한 시간과 공간을 찾아 헤매는 것은 아닌지를
먼저 물어야 하는 것은 아닐까요.

사이버 괴롭힘에 맞서는 이모지 -2017. 05. 17

따돌림과 괴롭힘은 '단체 대화방' 같은 온라인 세계에서도 빈번하게 발생한다. 아이들은 현실에서 겪는 폭력에 버금가는 상처를 입는다. 통계에 따르면 미국의 12~17세 청소년 90퍼센트가 SNS에서 따돌림과 괴롭힘을 목격하고도 모른 척한다고 고백했다. 어떻게 대처해야 할지 모르기 때문이다. 온라인 세계에서 누군가 상처받는 장면을 목격했을 때 간단하고 쉽게 사용할 수 있는 도구가 있다면 어떨까.

사이버 괴롭힘에 맞서는 그림문자가 있다. 온라인 세계의 만국공통어, 간단한 그림으로 의미를 전달하는 이모지다. 커다란 눈을 형상화한 이모지는 '사이버 불링(Cyber Bullying)'을 목격하고도 침묵하는 대다수 청소년을 위해 개발됐다. 침묵의 방관자들에게 '커다란 눈'을 남김으로써 괴롭힘에 맞설 수 있는 기회를 제공하는 캠페인의 일환이다. 이모지를 남기는 간단한 행동만으로도 가해자에게 목격자가 있다는 경고를 주고, 피해자에게 조력자의 존재를 적극적으로 드러낼 수 있다는 것이다. 목격자를 늘려서 사이버 불링을 없애자는 게 이 캠페인의 목적이다. 방관자들이 침묵하느냐, 행동하느냐에 따라 따돌림과 왕따 현상에 중대한 영향을 미치기 때문이다.

온라인 이용자 92퍼센트가 사용하는 이모지는 매년 현실을 반영해 다양한 모습으로 개발되고 있다. 모유수유를 하고, 히잡을 쓴 여성도 등장한다. 이모지의 세계에서는 차이와 다양성이 존중된다. 사용자는 다양한 피부색을 선택할 수 있고, 성별에 따른 편견과 배제도 없다. 한 부모 가족과 동성 부모까지 가족 구성도 다양하게 존재한다.
어떻게 사용하느냐에 따라 무궁무진한 가능성을 지닌 이모지. 간단한 이모지로 세상의 편견에 맞서는 용기를 연습할 수 있다.

학교 폭력 가해자의
눈물과 사과

2016년 교육부 자료에 따르면 학교 폭력 피해 학생 수가 3만 명에 달했습니다.
학교 폭력을 당한 학생은 성인이 된 후에도 고통과 트라우마로
심각한 후유증을 겪습니다. 그런 가운데 미국에서 공개된 영상이
많은 사람에게 울림을 줬습니다. 학교 폭력 가해자였던 여성이
15년 만에 피해자에게 진심으로 사과를 했기 때문입니다.

2018. 02. 16

오랜만에 만난 나샤와 버지니아는 어색한 인사를 나눕니다.

나샤 : 안녕 잘 지냈어?

버지니아 : 응 너도?

나샤 : 응 나도 잘 지냈어.

두 사람은 같은 중학교에 다녔습니다. 학교에 다닐 때 버지니아는 몸무게가 많이 나간다는 이유로 지속적인 괴롭힘을 당했습니다. 나샤는 그 가해자 중 한 명이었죠. 괴롭힘이 너무 심해서 버지니아는 집 밖에 나갈 수도 없었습니다. 그때로부터 시간이 많이 흘렀지만 나샤는 과거에 했던 자신의 잘못을 바로잡고 싶었습니다.

나샤 : 어렸을 때 내 체중이 표준에 미치지 못해서 살을 찌우기 위한 약을 먹어야 했어. 그래서 너에게 나 자신을 투사했던 것 같아. 사실 난 네 모습과 몸무게에 문제가 있다고는 전혀 생각하지 않았어. 당시에 나도 학교에서 괴롭힘을 당하고 있었고, 그게 잘못이라고 생각하고 있었지만 내가 당하는 게 싫어서 다른 친구들을 괴롭혔어.

버지니아 : 아무도 몰랐겠지만 중학생 때 우리 할머니가 돌아가셨어. 할머니는 암 치료로 약을 드셔야 했는데, 그 약 때문에 체중이 많이 늘었지. 할머니는 늘어나는 체중에 신경 쓸 틈이 전혀 없어서 나도 내 몸이 얼마나 커지는지 더 이상 걱정하지 않았어. 하지만 아이들은 나를 계속 괴롭혔지. '왜 나일까?' 그게 내가 제일 궁금했던 거야. 난 너와 다른 아이들에게 모두 친절하게 대했거든.

나샤는 눈물을 흘리며 버지니아에게 사과했습니다.

나샤 : 괴롭힘을 당할 때 죽고 싶다는 생각을 한 적이 있어?
버지니아 : 응.
나샤 : 미안해.

2016년에 발표된 미국 교육통계센터(NCES) 보고서에 따르면 학생 5명 중 1명은 집단 괴롭힘을 당하고 있었습니다. 그로 인해 스스로를 부정적으로 받아들이고, 친구와 가족 관계에서도 어

려움을 겪었습니다. 미국 질병통제예방센터(CDC)에 따르면 괴롭힘을 당한 학생은 고통과 트라우마로 학교에 적응하기 힘들고, 수면 장애와 불안 그리고 우울증에 걸릴 위험이 컸습니다.

버지니아도 오랫동안 외롭고 고통스러운 시간을
보냈지만 다행히 지금은 그 악몽에서 벗어나
자신을 괴롭혔던 친구들을 용서했다고 말합니다.
미국에서 많은 사람에게 울림을 준
버지니아와 나샤의 영상은 우리의 모든 행동에
책임이 따른다는 메시지를 주고 있습니다.

학교 폭력 가해자의
부모에게 벌금을 부과하다 -2019. 07. 05

시간이 지날수록 연령이 낮아지고 집단화·흉포화 되어가는 학교 폭력은 심각한 사회 문제이자 범죄다. 미국 일부 도시에서는 학교 폭력에 맞서 가해 학생 부모에게 벌금을 물리는 방안을 추진하고 있다.

2019년 6월, 〈뉴욕타임스〉에 미국 위스콘신주 위슨콘신 래피즈시에 살고 있는 대런 오브라이언(Darren O'Brien) 씨의 사연이 소개됐다. 학교에서 딸들이 심각한 괴롭힘을 당해 학교에 해결 방안을 간청했지만, 아무것도 바뀌지 않아 이제 시의회의 법 제정에 희망을 둔다는 이야기였다. 위스콘신 래피즈시가 학교 폭력 가해 학생 부모에게 벌금과 수수료를 합쳐 313달러, 우리 돈으로 약 37만 원을 부과하는 법 제정을 추진 중이기 때문이다.

2019년 2월, 이 지역에서 중학교 1학년 여학생이 '너는 못생기고 뚱뚱하니 스스로 목숨을 끊어라'라고 적힌 끔찍한 메모를 받은 사건이 발생했다. 이 일로 사람들이 공분을 쏟아내면서 시의회가 대응에 나섰다. 시의회는 신고된 모든 학교 폭력 사건의 심각성을 인지하고, 문제를 막기 위해 노력했다. 또한 학교 폭력 가해 부모가 자녀 행동을 교정할 것을 요구하고 나섰다.

미국 교육부에 의하면 12~18세 학생들 중 학교 폭력을 경험하는 확률은 무려 20퍼센트에 이르렀다. 그래서 위스콘신을 비롯해 몇몇 지역이 가해 학생 부모를 처벌하는 제도를 도입했다. 뉴욕주의 노스토너원더시는 학교 폭력이 발생하면 가해 학생의 부모가 250달러의 벌금을 내거나 최대 15일 수감 생활을 해야 한다. 하지만 아직까지 실제로 벌금이 부과되거나 교도소에 간 경우는 없다. 대신 부모는 여러 번 경고를 받는다. 부모에게 벌금을 부과하는 것이 예방 효과가 있다는 평가가 더 크지만, 오히려 역효과를 낳을 수 있다는 의견도 있다. 전문가들은 벌금만 부과하기보다 자녀가 올바르게 행동할 수 있도록 가정과 학교가 협력하고 노력하는 데 그 핵심이 있다고 강조한다.

거짓말하는
나라의 아이들

법을 어기고 거짓말을 일삼는 정치, 부패한 사회를 목격하는
어린이와 청소년은 어떤 가치관을 가지게 될까요?
정직한 나라가 정직한 국민을 만든다는 연구에 관해 소개해드립니다.

2016. 11. 02

만약 10억 원이 생긴다면 법을 어기고 1년 정도 감옥에 가도
괜찮습니까?

2016년 말, 우리나라 청소년들의 정직 지수를 측정하기 위해
던져진 질문이었습니다. 어떤 답이 돌아왔을까요?

고등학생 응답자의 절반이 넘는 56퍼센트가 큰돈이 생긴다면
법을 어겨도 괜찮다고 답했습니다. 중학생은 39퍼센트, 초등학
생은 17퍼센트가 범죄자가 되는 길을 선택한 것입니다.

시간을 거슬러 2012년에는 청소년 40퍼센트가 이렇게 생각
했습니다. 부자가 되기 위해 거짓말을 하거나 속임수를 쓰고,
법을 무시하고 권력을 이용하는 것도 괜찮다.

정직하게 사는 것보다 돈이 더 중요하다고 서슴없이 말하는
청소년들의 생각은 어디에서 비롯했을까요?

"정직한 국민을 찾으려면 정직한 나라를 만들기 위해 노력하라!"

영국 노팅엄 대학과 미국 예일 대학 공동 연구진이 내린 결론입니다. 연구진이 궁금했던 것은 개인의 정직함과 사회 전반의 정직함 사이의 상관관계였습니다. 연구진은 주사위 하나로 평균 나이 21.7세의 23개국 젊은이들이 가진 정직 지수를 측정했습니다. 주사위를 던져 나온 숫자를 통보해주면 숫자에 따라 정해진 상금을 주겠다는 것이었습니다. 연구진은 확률과 통계를 이용해 거짓말 여부를 측정했습니다.

실험 결과, 젊은이들의 정직 지수는 그들이 살고 있는 사회의 정직도와 정확히 일치했습니다. 부정행위에 관대하며 법을 어기는 일이 자연스럽고, 정치 청렴도가 낮은 나라에 사는 젊은이들의 거짓말 강도와 비율이 모두 높았습니다. 아무리 정직한 개인이라 할지라도 부패한 사회에 살다 보면 자신의 윤리 기준을 점점 낮춘다는 것입니다.

연구진은 성장기 동안 목격하는 역할 모델의 중요성을 강조합니다. 정직하면 성공하고, 거짓말하면 누구든 예외 없이 처벌 받는 단순한 규칙이 작동하는 사회. 누가 이런 사회를 마다할까요.
이 질문에 대해 여러분은 어떻게 답하시겠습니까?

만 16세에게
투표권을 주는 나라

2020년 4월 실시된 국회의원 선거부터 선거법이 개정되면서
투표를 할 수 있는 나이가 만 19세 이상에서 만 18세 이상으로 변경돼
청소년들도 한 표를 행사할 수 있게 되었습니다.
하지만 만 18세였던 투표 가능 연령을 만 16세로 낮춘 국가도 있습니다.
선거권 연령을 낮추는 이유에 관해 전해드립니다.

2016. 11. 09

세계 여러 나라가 기준으로 삼는 '특정한 연령'을 색깔로 구분한 세계지도가 있습니다. 한 사회의 시민으로서 첫 투표권을 행사할 수 있는 나이입니다. 미국과 유럽 대부분의 국가를 비롯해 18세 이상에게 투표권을 주는 나라는 전 세계 90퍼센트 이상입니다.

일본도 만 20세를 기준으로 했던 선거법을 70년 만에 개정해 만 18세로 선거 연령을 낮췄습니다. 2020년, 일본 참의원 선거와 지방선거에서 240만 명의 새로운 유권자가 첫 투표권을 행사했습니다. 2020년 이전까지 우리나라는 OECD 34개국 중 가장 늦게 투표권을 얻는 나라였습니다.

만 16세 청소년에게 투표권을 주는 나라도 있습니다.

2008년, 유럽 국가 중 처음으로 최연소 유권자가 등장한 오스트리아. 만 18세였던 선거 연령을 16세로 낮춘 이유는 세대 균형을 유지하기 위해서였습니다. 인구 고령화로 65세 이상 유권자 수가 25세 이하 유권자를 넘어섰기 때문입니다.

2014년, 스코틀랜드의 분리 독립을 묻는 주민 투표에도 16세와 17세 유권자가 한 표를 행사했습니다. 스코틀랜드의 미래가 걸린 중요한 투표에 앞서 선거 연령을 낮춘 이유는 그 미래를 살아갈 주요 당사자들이 바로 청소년들이기 때문입니다.

미국에서는 메릴랜드주에 위치한 도시 타코마 파크에서 2013년부터 16세에게 투표권을 준 것을 시작으로 만 18세인 선

거 연령을 만 16세로 낮춰야 한다는 주장이 점점 확산되고 있습니다. 한편에서 16세에게 투표권을 주는 것은 사회적 낭비이며 합리적이고 이성적인 선택을 하기에 아직 어린 나이라고 우려하는 목소리도 높습니다.

청소년들의 생각은 어떨까요.
첫 투표 연령을 낮춰 어른들이 만든 사회가 아니라
자신의 선택이 반영된 사회에서 시민으로 살아갈
권리를 요구하는 목소리가 점점 높아지고 있습니다.
아이들의 선택이 미덥지 않다고 걱정하기 전에 미래를
살아갈 주인공이 바로 청소년이라는 사실을 되새긴다면
선거 연령과 관련한 논란은 쉽게 해결되지 않을까요.

국회의사당으로 간 청소년들 —2017. 09. 07

영국에서는 청소년들이 자신들의 문제에 대해 직접 나설 수 있는 정치 시스템이 마련 돼 있다.

매년 영국 전역에서 11~18세 사이의 청소년 수십만 명이 청소년 의회에 참여한다. 그중에서 300여 명의 대표가 선출되는 것이다. 청소년 의회에서 논의할 주제도 청소 년들이 직접 투표에 참여해 선정한다. 청소년 의회는 청소년들에게 영향을 미치는 정 책에 대해 의견을 모아 의회와 정부 기관에 전달하고 아이디어를 제안한다.

영국 민주주의의 상징인 웨스트민스터 궁, 국회의사당은 청소년 의회에 개방적이다. 비록 정부 조직은 아니지만 영국 수상을 비롯해 주요 정당들이 이들을 독립 기구로 인정 하고 교육부 예산을 지원한다. 한 예로 영국은 몇 년 전부터 대학 등록금 문제로 갈등 이 심각했다. 청소년 의회는 청소년 6,000여 명에게 설문조사를 실시해 재정적인 부 담과 대학 진학의 어려움을 확인했다. 그리고 정부의 다양한 등록금 지원 정책이 효 과를 거두지 못하는 이유를 밝히기도 했다.

정부와 의회는 자연스럽게 청소년들의 목소리에 귀를 기울인다. 청소년 의회의 제안 에 따라 미디어 속 젊은이의 모습을 모니터하는 청년 위원회를 설치하고, 경찰이 청 소년들을 정당하게 대하는지 런던 경찰의 검색 활동에 동참하는 제도를 만들기도 했 다. 영국 청소년들은 이런 경험을 직간접적으로 공유하며 협상이나 의사 결정 같은 기 술을 배우며 시민으로 성장한다. 민주주의가 제대로 실현되려면 어릴 때부터 토론과 정책 결정 과정을 경험하면서 민주 시민으로서 소양을 기르는 교육이 필요하다.

학생의 실패를
축하합니다

미국의 명문 대학들이 학생들에게 실패할 기회를 주고 있습니다.
실패를 두려워하지 말라며 '실패 자금'도 지원해주고
마음껏 실패할 수 있는 자격증을 발급해주는 대학도 있습니다.
성공보다 실패 수업에 눈을 돌린 이유는 무엇인지 알아봅니다.

2017. 07. 26 / 2018. 09. 11

미국 스탠퍼드 대학의 교수들이 자신들의 대학 시절을 학생
들에게 털어놓습니다. 이야기는 하나같이 학부 시절에 경험한
실패담입니다. 성공한 졸업생들도 자신이 겪은 좌절을 고백하
고, 재학생들 또한 자신이 받았던 최악의 학점이며 힘겨운 시간
들을 공개합니다. 스탠퍼드 대학의 '탄력 프로젝트'는 학생들
에게 실패를 딛고 일어서는 힘을 가르칩니다.

이 학교뿐만 아니라 하버드, 프린스턴, 펜실베이니아 같은 미
국의 명문 대학들이 최근 몇 년 사이 가장 강조하는 것이 바로
'실패'입니다. 성공과 승리만을 경험한 우수한 학생들이 실패
를 경험할 수 있도록 다양한 프로젝트를 진행하고 있습니다. 다
양한 사람들의 실패담을 간접 경험하면서 실패란 모두가 경험
하는 일이며 또 다른 발판이 될 수 있다는 교훈을 깨달아가길

바라는 것입니다.

학생들에게 실패 허가증을 발급해주며 실패를 독려하는가 하면 성공 자금 대신 '실패 자금'을 지원해주는 학교도 있습니다. 데이비슨 칼리지의 학생들은 학교로부터 150~1,000달러를 지원받아 자신이 하고 싶은 일에 도전할 수 있습니다. 학교는 실패 가능성이 높은 일에 도전하겠다는 학생에게 투자를 합니다.

기성세대와는 달리 명문 대학을 졸업한 후에도 취업난과 잦은 이직을 경험해야 하는 지금의 미국 학생들에게 '실패를 잘 다루는 기술'을 가르치는 것이 대학의 중요한 임무가 되고 있습니다.

스웨덴의 항구 도시 헬싱보리에는 이름만 들어도 알 수 있는 기업들의 특별한 상품들이 전시되어 있습니다.

몬스터나 해리 포터를 좋아하는 아이들을 위해 만든 녹색, 보라색 케첩, 1999년에 출시된 안감에 칩이 달려 있어 얼굴 전체에 전기 자극을 흘려보내 피부 미백과 주름 개선을 돕는 마스크, 1990년대 출시된 순수함과 깨끗함을 강조하는 투명한 콜라…. 이 전시품들의 공통점은 바로 망한 제품들이라는 것입니다.

트럼프 전 대통령의 보드 게임, 모터사이클 회사에서 출시한 향수, 치약 회사에서 만든 라자냐 등 100여 개의 실패작만을 모아 전시하는 '실패 박물관(The Museum of Failure)'.

이 박물관을 연 미국의 조직 심리학자 새뮤얼 웨스트(Samuel

West)는 사람들은 실수를 숨기려고만 한다면서 실패를 분석하고 교훈을 얻어야 진짜 혁신이 가능하다고 그동안 망한 제품들을 모아온 이유를 밝힙니다. 예를 들어 애플이 1993년에 출시한 노트패드는 최근 모바일 기기들과 비슷한 기능을 가졌으나 비싼 가격과 배터리 문제 등으로 결국 실패했지만, 모바일 기기 역사에서 이정표가 된 것으로 평가받습니다. 실패 박물관 이름 아래에 '새로운 발견'을 뜻하는 '이노베이션(Innovation)'이 새겨져 있는 까닭입니다.

실패는 문신처럼 새겨지는 것이 아니라
멍 자국처럼 언젠가는 사라집니다.
성공만큼이나 많은 교훈을 담을 수 있는 실패.
나에게 소중한 실패는 없었는지
잠시 되돌아보는 건 어떨까요.

실패를 전문적으로 연구하는 학교 -2018. 06. 19

미국 컬럼비아 교육대학에서 뉴욕의 고등학생들에게 과학자가 될 수 있는 사람의 조건에 대해 질문했다. 학생들은 호기심이 많은 사람, 성실한 사람, 과학 분야에 흥미를 느끼는 사람이라고 대답했다. 그다지 특별하지 않은 조건에 이번에는 스스로 과학자가 될 수 있을 것 같으냐고 물었다. 그러자 거의 모든 학생이 자신은 과학 성적이 좋지 않아 열심히 해도 과학자가 될 수 없을 거라며 부정적인 반응을 보였다.

컬럼비아 교육대학에서는 4개 고등학교에서 과학 수업을 듣는 472명을 대상으로 또다른 실험을 진행했다. 학생들을 세 그룹으로 나눠 첫 번째 그룹은 과학자들의 개인적인 실패와 극복 사례를 배우고, 두 번째 그룹은 학업에서의 실패와 극복 사례, 마지막 그룹은 업적과 성공 사례만을 배우도록 했다. 5주 동안 진행된 이 실험에서 과학 분야 위인들의 실패 이야기를 배운 두 그룹의 학생들은 과학 성적이 향상되었고, 과학자들의 업적에 대해서만 배운 학생들은 성적이 저하된 것으로 나타났다.

최근 미국에서는 과학, 기술, 공학, 수학 등 STEM 분야에 관심을 보이던 학생들이 시험에서 좋은 점수를 얻지 못한 후 이탈하거나 학업을 포기하는 현상이 문제가 되고 있다. 그동안 교육에서 과학자들의 업적만을 강조한 만큼 실패나 역경에 대해 배우지 않은 학생들이 과학자는 타고난다고 생각하기 때문이다. 아인슈타인이나 퀴리 같은 과학자들이 평범하고 불완전한 사람들이라고 생각하지 못하는 것이다.

컬럼비아 교육대학 연구진은 이 결과를 토대로 실패 교육을 연구할 혁신 센터를 설립했다. 연구진 중 한 명인 인지심리학자 린 시글러(Lynn-Sigler) 박사는 학생들이 실패를 학습 과정의 정상적인 부분으로 깨달을 수 있도록 연구할 것이라고 계획을 밝혔다. 물론 시험 중심의 교육, 결과가 중요한 교육 시스템에서 학생들이 실패를 경험으로 받아들이기는 쉽지 않을 것이다. 그만큼 학교와 교사가 먼저 실패의 가치를 이해해야 하지 않을까.

마을이 바뀌면
교육이 바뀐다

미국 오클라호마주의 시골 마을에 구글 데이터 센터가 세워지면서
지역 학교에 큰 변화가 생겼습니다.
학생들은 무료 노트북으로 컴퓨터 프로그래밍을 공부하고,
수업 시간에 로봇 공학도 배웁니다. 구글이 지역사회에 가져온
교육 환경의 변화를 통해 지역사회와 학교의 상관관계를 되돌아봅니다.

2017. 02. 24

미국 오클라호마주에 자리한 시골 마을 프라이어.

이 지역에 살고 있는 고등학생들은 학교에서 로봇 공학을 배웁니다. 초등학교에서는 무료 노트북으로 컴퓨터 프로그래밍을 공부하고, 마을 전체에서 누구나 와이파이를 사용할 수 있습니다.

지난 2010년 구글은 저렴한 땅값과 풍부한 수자원을 고려해 이곳 프라이어에 데이터 센터를 세웠습니다. 비록 대규모 일자리를 창출한 것은 아니지만, 거액의 지방세를 납부해 프라이어의 교육 재원이 안정적으로 확보됐습니다. 프라이어의 연간 지방세 수입은 4억 3000만 달러인데, 이 가운데 3억 달러는 구글이 냈습니다. 프라이어는 이를 바탕으로 첨단 교육 인프라를 구축하게 된 것입니다.

　오클라호마주의 다른 지역 학교들은 과밀 학급에서 오래된 데스크톱 컴퓨터로 문서를 작성하는 법을 배웁니다. 납부된 세금이 프라이어의 7분의 1에 불과하고, 주 수입원인 석유와 천연가스 가격이 하락하면서 주정부가 많은 학교에 지원금을 삭감했기 때문입니다. 학교는 주 4일만 운영하고 많은 교사는 보수가 더 나은 다른 지역으로 떠났습니다.

　반면에 프라이어의 학교에는 주말 프로그램과 최신식 교실이 마련되고, 교사들에게 보너스도 지급됐습니다. 게다가 구글은 기부를 통해 과학과 수학 교육에 투자해 학생들은 노트북으로 수학을 공부하고, 온라인 교육 콘텐츠를 통해 코딩과 전자 상거래도 배웁니다. 구글에서 나온 봉사자들은 학생들의 멘토가 되어주었고 수중 로봇도 같이 제작했습니다.

〈뉴욕타임스〉는 구글의 데이터 센터가 시골 마을인 프라이어에 세워지면서 이곳 교육 환경에 미친 영향을 중요하게 보도했습니다. 구글이 프라이어에 가져온 교육 환경의 변화는 기업과 지역사회가 공생하는 좋은 사례로 회자됩니다.

하지만 기업이 유치되고 경제가 활성화돼야만 학교가 변화할 수 있는 것은 아닙니다. 수업 자체의 변화에서 학교가 변화하는 사례도 얼마든지 있습니다. 이어서 나오는 뉴스G 플러스에서 지역과 학교가 어울리는 또 다른 사례를 소개합니다.

우리가 만드는 마을 지도, 커뮤니티 매핑 -2017. 08. 09

홍콩의 관광명소 중 하나인 윙척항. 교사와 함께 길을 걷는 이들은 국제학교 학생들이다. 학생들은 주변을 살피며 꼼꼼하게 메모를 한다. 잘된 것은 무엇인지, 개선할 것은 무엇인지, 도로반사경이나 가로등 같은 공공시설물을 살피고 필요하면 사진도 찍는다. 모두 평소에 관심 갖지 못했던 것들이다. 교실로 돌아와서는 조사해온 내용에 대해서 자유롭게 토론을 한다. 그리고 관련 내용을 지도에 표기하며 직접 지도를 만든다. 지역사회에서 개선할 사항들이 표시된 지도를 만들어가는 '커뮤니티 매핑' 수업이다. 학생들은 수업 이후에도 우리 지역에 바로잡아야 할 부분이 있는지, 또 어떤 일들이 일어나고 있는지 지역주민들에게 들어볼 생각이다.

커뮤니티 매핑이란 커뮤니티(Community)와 매핑(Mapping)의 합성어로 한 사회의 구성원들이 현장에서 지역문화나 이슈 등 정보를 수집해 지도를 만드는 활동을 말한다. 허리케인 샌디가 미국에 큰 피해를 입혔던 2012년, 시민이 참여해 만든 주유소 지도가 큰 도움이 되었다는 것은 잘 알려진 사실이다.

미국이나 영국, 캐나다 등에서도 커뮤니티 매핑을 수업에 활용하는 학교들이 늘고 있다. 지원을 원하는 학교로 커뮤니티 매핑 전문가를 파견해주는 단체도 있다. 아이들은 스스로 움직이면서 유해 환경이나 유해 시설을 감시하고 주변 환경을 개선하기 위한 지도를 만들면서 사회적 교육의 효과를 얻는다. 교실 밖으로 벗어나서 시민으로서의 역할을 배우는 것이다. 호주 출신의 과학 칼럼니스트인 렌 피셔(Len Fisher)는 '최상의 답은 대중 안에 있고, 우리 모두를 합친 것보다 똑똑한 천재는 없다'며 커뮤니티 매핑에 숨은 의미를 설명한다.

세계 많은 국가의 아동과 청소년들이 커뮤니티 매핑을 통해 그들이 속한 사회를 이해하고 긍정적으로 바꿔나가는 법을 배워나가고 있다.

교실을 싣고
달리는 버스

유치원이 필요한 곳으로 직접 찾아가는 '움직이는 유치원'이 미국에 등장했습니다.
버스 내부를 유치원 교실로 개조한 것인데요.
유치원뿐만 아니라 고등학교 교실로 완벽하게 변신한 버스가 많은 이들에게
희망을 전하고 있습니다. 교실을 싣고 달리는 버스를 만나봅니다.

2019. 08. 02

　　필요에 따라 다양한 공간으로 변신하는 버스.

　　집 없는 사람들에게는 집이 되고, 도서관이 없는 지역에는 도
서관으로 탈바꿈해 등장합니다. 목욕 시설을 갖춘 샤워 버스는
노숙자들을 찾아갑니다.

　　이번에 등장한 버스들은 미취학 아동들을 찾아갑니다. 유치
원 교실을 싣고 달리는 버스 유치원입니다. 가정형편 때문에 유
치원 등록을 하지 못한 아이들에게 '교육의 기회'를 주기 위해
등장한 버스 유치원은 한 지역에서 일주일에 이틀 동안 문을 열
며 조기교육의 격차를 줄여나갑니다.

　　소외된 아이들을 위해 마을을 누비는 버스는 또 있습니다.

　　도서관과 책상, 노트북을 갖춘 이 버스는 고등학교 교실을 신

고 달립니다. 2017년부터 문을 연 이 교실에서는 약 5,000명의
학생이 공부하고 있습니다. 학생 대부분은 폭력과 따돌림, 범죄
이력으로 학업을 중도에 포기해 다시 학교를 찾기가 쉽지 않았
습니다. 하지만 버스 교실이 먼저 아이들을 찾아왔습니다. 학생
들은 이 교실에서 공부하며 고등학교 졸업장을 취득합니다.

　이 버스 학교를 졸업한 리나 오티즈(Lena Ortiz)는 이렇게 말
합니다.

　"모든 사람이 여기에서 교육을 받았으면 합니다. 바퀴 위에
서 얻는 졸업장 때문이 아닙니다. 바퀴 위에 있는 희망 때문입
니다."

　교실을 신고 교육에서 소외된 학생들을 찾아가는 버스.
　버스의 변신이 교육의 빈자리를 메워나가고 있습니다.
　그늘이 더 깊어지고 보이지 않는 현실.
　또 어떤 버스를 만들고, 어디를 향해 달려가고 싶은지
　한번쯤 상상해보면 어떨까요?

세상에서 가장 작은 도서관 —2017.11.01

도서관에서 빌린 책은 반드시 반납해야 하지만 돌려주지 않아도 되는 도서관이 있다. 2009년 미국에서 처음 등장해 80개국 6만 곳에서 이미 존재하는 '작은 무료 도서관 (Little Free Library)'. 이 도서관은 누구나 집 앞에 지을 수 있다. 입구에 조그만 공간을 마련해 가지고 있던 책을 꽂아두면 도서관이 문을 여는 것이다.

자신의 집 앞을 지나가는 모든 이들에게 무료로 개방되는 이 도서관에는 한 가지 중요한 규칙이 공유된다. 책을 반납할 필요는 없지만 책을 가져가고 새로운 책을 한 권 가져다놓아야 한다. 결국 세상에서 제일 작은 도서관에는 매일 새로운 책이 등장하는 것이다.

1년 동안 전 세계의 작은 무료 도서관을 통해 수만 권의 책이 교환된다. 누구나 쉽게 만들 수 있는 작은 무료 도서관은 서로의 책을 공유하는 것에서 그치지 않고 책을 매개로 몰랐던 이웃과 연결되는 값진 경험까지 얻을 수 있다. 세상에서 가장 작은 도서관이지만 사람들의 발길이 끊이지 않는 도서관. 내 집 앞, 우리 동네에 작은 무료 도서관을 열어보면 어떨까.

거대한 도시 전체가
교육 실험실이 되다

최근 몇 년 동안 학교 교육의 화두는 '역량'입니다.
역량, 하면 학습 능력과 결부하기 쉽지만 어떻게 정의하는지에 따라
교육 방법은 다양해질 것입니다. 학생들에게 역량을 키워주기 위해
도시가 실험실로 변한 미국 애틀랜타의 이야기를 통해
아이들에게 필요한 진짜 '힘'에 관해 고민해봅니다.

2019. 08. 27

미국 동남부에 위치한 인구 600만 명이 살고 있는 애틀랜타는 도시 전체가 거대한 실험실과도 같습니다.

애틀랜타에 살고 있는 청소년들은 원한다면 고등학교 2학년 때 한 한기 동안 학업을 중단할 수 있습니다. 학교를 잠시 벗어난 아이들에게는 다른 기회가 주어집니다. 직접 애틀랜타의 미래를 계획하는 프로젝트에 참여하는 것입니다.

아이들은 도시 곳곳을 누비며 환경이나 수질, 대중교통, 빈곤 등 여러 문제를 발견하고 함께 연구하면서 해결 방안도 제안할 수 있습니다. 이 모든 과정은 '랩 애틀랜타'라는 독특한 학교에서 이루어집니다.

'한 학기'를 뜻하는 '시메스터(semester) 학교'로 불리기도

하는 랩 애틀랜타에서는 한 학기 동안 정규 교육을 벗어나 색다른 교육 환경에서 학업을 이어갈 기회를 제공합니다.

아이들은 매주 월요일부터 금요일, 아침 9시부터 오후 4시까지 자신들이 공부한 인문학과 과학 지식을 바탕으로 사회 문제를 연구하고 STEM에 기반한 아이디어를 제시합니다. '전시회의 밤'을 열어 친구나 선생님은 물론 시 공무원과 지역 리더들 앞에서 프로젝트 성과를 발표하기도 합니다. 이를 통해 아이들은 학생이자 사회 구성원으로 자신을 인식하며 새로운 시각과 기회를 경험합니다.

예전에는 학교가 즐겁지 않았고, 자신감도 없었던 학생들은 랩 애틀랜타에 참여한 후 스스로 무엇을 좋아하는지 깨달았다

고 말합니다. 프로젝트가 끝난 후에도 새로운 사람들을 만나고 다른 학교 친구들과 교류하면서 자신의 주변에서 기회를 찾는 방법을 알게 되는 건 덤이라고 밝힙니다.

랩 애틀랜타 관계자는 이런 경험이 단순히 대입 지원서에 한 줄 쓸 경력에 그치지 않고, 스스로 사회를 바꿀 리더가 될 수 있다는 자신감으로 발전한다고 말합니다.

학교에서 학생들에게 키워줄 수 있는
가장 큰 역량은 바로 이런 희망이 아닐까요.
애틀랜타는 지금도 도시 곳곳에 학생들이
고민한 흔적을 남기며 학생들과 함께 성장하고 있습니다.
우리 학교는, 사회는 아이들이
세상을 살아갈 수 있도록 어떤 준비를 마련해주고
있는지 되돌아볼 필요가 있지 않을까요.

미국 대학들이
등록금을 실험하다 —2017. 11. 29

미국 매사추세츠주에 속한 29개의 공립 대학교 중 45퍼센트가 1년 동안 노숙자 학생이 증가한 것으로 나타났다. 생활비, 재정 지원 부족과 함께 등록금으로 인한 부채 증가가 주요 원인 중 하나로 지적됐다. 미국 노동부 통계에 따르면 1990년부터 2016년까지 대학 등록금은 매년 6퍼센트씩 올랐다. 26년 동안 5배나 상승한 것이다.

미국 대학생들이 학자금 대출을 받으며 대학에 가는 이유는 학위가 있어야 좋은 직장을 갈 수 있다는 인식 때문이다. 특히 저소득층 대학생들은 상위층으로 가기 위해 대학에 진학하지만, 졸업 후 원하는 직업을 갖지 못해 오히려 연체금만 늘어나는 경우가 많다. 이런 현실을 타개하기 위해 대학 등록금을 면제해주는 정책이 점차 확산되고 있다. 샌프란시스코에서는 대학 수업료를 전액 면제해주는 제도가 시행됐고, 뉴욕에서는 경제 수준이 중하에 속하는 수십만 명의 학생들에게 무료로 장학금을 제공할 예정이다.

시카고의 대학들은 이런 '빚의 악순환'을 끊기 위해서 몇 년 전부터 다양한 정책을 펼쳤다. 고등학교 졸업생 중 평점 B학점 이상을 받은 학생에게 공립 대학교인 커뮤니티 칼리지의 등록금을 무상으로 제공한 것이다. '스타 장학금(Star Scholarship)'이라 불리는 이 정책으로 1년에 시카고 공립 고등학교 졸업생의 5퍼센트가 혜택을 받았다. 놀라운 점은 무사히 졸업한 학생 200명 중 3분의 2는 집안에서 처음으로 대학에 진학한 학생들이었고, 나머지도 소수 인종과 여성이었다. 멕시코 이민자 가정의 한 학생은 이 장학금이 없었다면 공부보다 아르바이트에 더 많은 시간을 쏟아 대학 진학은 엄두도 낼 수 없을지도 모른다고 밝혔다.

어른들이 다시
학교에 간 이유

최고의 학교, 최고의 교육을 위해서 많은 전문가들이 머리를 맞대고 고민합니다.
미국에서는 교육 전문가들이 학교 교육을 변화시키기 위해
가장 먼저 한 일은 바로 학교에 가서 수업을 들은 것이라고 합니다.
그들이 보낸 학교의 하루는 어땠을까요?

2019. 08. 13

2012년 어느 날 아침, 미국 아이오와에 위치한 소도시 시더래피즈의 한 학교에 독특한 학생들이 등교했습니다. 기업 대표(CEO)를 비롯해 교육 전문가, 정치인 등 지역사회를 이끄는 65명의 어른들이었습니다. 이들은 멀찍이 떨어져 수업을 참관하러 온 것이 아니었습니다. 아이들 틈에 앉아 교사 지시를 따르고, 교과서를 펼치고 수업을 들었습니다. 종이 울리면 화장실에 가고, 또다시 수업을 들으면서 학생들과 똑같은 하루를 보냈습니다.

사실 이것은 기획된 프로젝트였습니다.
한 남성이 2주 동안 초등학교부터 고등학교까지 다시 다닌다는 내용의 영화 〈백만장자 빌리〉에서 착안해 '빌리 매디슨' 프

로젝트라고 불렸습니다. 학교 일과가 끝난 뒤 '빌리'가 된 어른들은 어떤 반응이었을까요?

"끔찍한 하루였다."

그들의 공통된 의견이었습니다. 한 CEO는 수학 수업을 듣고 난 후 아이들이 실제로는 쓸모없는 수업을 받고 있다고 지적했습니다.

이 프로젝트를 기획한 교육자 숀 코너리(Sean Connery)는 다양한 분야의 의사 결정자들을 학교로 다시 보내 실제 학교생활을 토대로 교육을 논의하게 하는 것이 기획 의도라고 밝혔습니다. 실제로 빌리 매디슨 프로젝트에 참가한 지역사회 리더들은 학교 교육에서 개선할 부분이 많다고 결론을 내리고 세 가지 방향을 마련했습니다.

첫째, 학생들이 강요가 아닌 자발적으로 열정을 느낄 수 있도록 관심사를 중요시할 것.

둘째, 사회에서 필요한 능력을 키울 수 있도록 수업을 기획할 것.

셋째, 학교를 지역사회 안에서 이해해야 할 것.

어른들의 논의는 상상에만 그치지 않았습니다. 아이오와를 시작으로 조지아, 펜실베이니아, 오클라호마 등 미국 곳곳에서 교육을 변화하려는 노력이 이어지고 있습니다.

우리의 교육은 어떤가요.
여전히 어른들만의 시각으로 학교 교육의
모든 것이 결정되고 있는 것은 아닐까요.
학생들의 눈높이에서 그들에게 필요한 교육은 무엇인지
학교 현장을 직접 누비며 체험하고
이해하는 노력이 필요해 보입니다.

어른들에게도
학교가 필요하다 —2018. 04. 17

초·중·고등학교, 대학과 대학원… 우리의 일반적인 학제이다. 우리는 흔히 학교 졸업을 성인의 기준점으로 삼는다. 하지만 어른이 되면 더 이상 교육이, 학교가 필요하지 않은 것일까.

한때 독일의 수도였던 본에는 월요일 아침 8시부터 일요일 저녁 7시까지 운영되는 유일한 기관이 있다. 바로 '본 시민대학'이다. 매년 열리는 2,000개 넘는 강좌는 진입 장벽이 낮아 누구나 참여할 수 있다. 독일의 시민대학은 특히 교육 소외 계층이 자기가 거주하는 지역에서 원하는 교육을 받도록 하는 것이 목적이다.

이러한 시민대학의 시초는 덴마크이다. 1800년대, 농경 국가였던 덴마크에서 농부들의 전문성을 키우고 시민의식을 고취시키기 위해 평생 교육을 실시했다. '시민들이 민주적 참여 기회를 활용할 수 있도록 누구에게나 열려 있는 교육이 필요하다'는 덴마크 역사학자 그룬트비(Grundtvig)의 철학을 실천한 것이다. 18세 이상 성인을 위한 교육기관 포크하이스쿨(Folk High School)의 기원이다.

현재 덴마크에 존재하는 포크하이스쿨은 100여 개. 덴마크의 성인 인구 중 50퍼센트가 시민대학을 통해 평생 교육에 참여한다. 이들은 포크하이스쿨이 정규 교육기관은 아니지만 사회 구성원으로서 삶의 질을 향상시켜 자신들의 일상에 많은 영향을 준다고 평가한다. 덴마크가 전 세계에서 세대 간 교육과 소득 격차가 가장 작은 국가로 꼽히는 이유도 평생 교육 시스템을 빼놓을 수 없다. 덴마크의 사례는 독일과 북미, 아프리카, 아시아 등으로 확산되며 평생 교육의 가치를 널리 알리고 있다.

시민대학은 민주주의를 위해서 학생뿐만 아니라 모든 시민이 자신에게 맞는 교육을 선택할 수 있는 다양한 기회가 필요하다는 것을 보여준다. 이런 의미에서 교육은 특정 시기가 되면 멈추는 것이 아니라, 언제 어디서든 다시 시작할 수 있는 기회로 자리해야 한다.

여러분의 졸업을 축하합니다, 그리고…

미국 대학들의 졸업 시즌인 5월에는 각 대학에서 초대한
유명인들의 졸업 축하 연설이 화제에 오릅니다.
사회에 첫발을 내딛는 후배들에게 인생 선배들이 들려주는
진심 어린 조언을 통해 졸업의 의미를 다시 한 번 되새겨봅니다.

2019. 05. 28

자신의 분야에서 뚜렷한 업적을 쌓은 유명인들이 초대받는
곳. 미국 대학의 졸업식장입니다. 사회에 첫발을 내딛는 학생들
을 위한 진심 어린 조언은 두고두고 회자되기도 합니다.

"맙소사, 제가 하버드 대학에 있네요!
이것만 기억하십시오. 실패란 건 없습니다. 실패란 그저 우리 인
생을 다른 방향으로 이끌려고 하는 것일 뿐입니다."
-방송인 오프라 윈프리, 2013년 5월 하버드 대학 졸업식

"항상 갈망하십시오. 우직하게 나아가십시오."
-스티브 잡스, 2005년 6월 스탠퍼드 대학 졸업식

290

최근 가장 큰 화제가 된 졸업 축하 연설의 주인공은 바로 5조 원의 자산가로 알려진 사모펀드 비스타 이퀴티 파트너스의 CEO 로버트 F. 스미스였습니다. 그는 모어하우스 대학 졸업 연설에서 졸업생 모두와 파격적인 약속을 했습니다.

"여러분의 앞길에 소량의 연료를 넣어드리겠습니다."
-2019년 5월 19일 모어하우스 대학 졸업식

그가 졸업생 400명의 앞길을 위해 선물한 것은 학생들이 진 빚을 해결해주겠다는 약속이었습니다.

졸업생 모두의 학자금 총 대출액은 약 477억 원. 졸업 후에도 여전히 무거운 짐으로 남게 될 대출금을 모두 갚아주겠다는 믿기 힘든 약속에 학생들은 기쁨을 감추지 못했습니다. 대신, 조건이 하나 있었죠.

"저는 여러분이 앞으로 사회에 다시 갚아줄 것을 압니다. 모어하우스 졸업생 형제들의 그런 아름다운 모습을 볼 수 있었으면 좋겠습니다. 그리고 졸업생 여러분 모두가 앞으로 나아가는 과정에서 동등한 기회를 가지고 있다는 점을 확실히 알아두셨으면 좋겠습니다."

해마다 유명인들의 명연설로 빛을 더한 미국의 대학 졸업식.

하지만 성공한 사람들의 희망 섞인 메시지가 전부인 것은 아닙니다.

"기후변화에 관해 이야기하지 않고는 우리가 한 국민으로서 누구인지, 서로 무엇을 빚지고 있는지 논할 수 없다고 생각합니다."
-애플 CEO 팀 쿡, 5월 19일 툴레인 대학

졸업생들도 오랜 학교생활과 작별하는 기분에 들뜨기 전에 세상을 향해 필요한 목소리를 남겨야 한다고 지지합니다. 졸업 축하 연설에 기후변화의 심각성을 알리는 메시지를 담자는 '클래스 오브 제로' 운동이 그 한 예입니다.

"00학번 운동에 함께하세요. 졸업식 날 권력자에게 진실을 말하세요."

기후변화에 대처하겠다는 약속이야말로 최고의 졸업 축하 선물이라는 것이죠.

"졸업장에 우리는 20××학번이라 하겠지만 역사에 있어서는 0학번 입니다. 시간이 없습니다."

인생은 졸업이 존재할까요.

학교의 졸업은 인생이라는 기나긴 학교의
중간 연습이 아닐까요.
끝이 아니라 또 다른 시작,
마무리가 아니라 새로운 준비.
여덟 살부터 시작된 모두의 집,
학교가 끝나는 마지막 날,
졸업생들은 저마다의 과제를 마음에 새기며
미래를 향해 첫 발을 내딛습니다.
그것은 학교가 가르쳐준 약속이자
세상과 마주하며 풀어야 할 우리 모두의 숙제입니다.
학교가, 교육이 정답이 아닌
질문을 가르쳐야 하는 까닭입니다.

그림과 사진 출처

136쪽 ⓒ Gorodenkoff / Shutterstock.com

140쪽 ⓒ Yuganov Konstantin / Shutterstock.com

141쪽 ⓒ WORAWOOT.S / Shutterstock.com

146쪽 ⓒ Monkey Business Images / Shutterstock.com

151쪽 ⓒ FOTOGRIN / Shutterstock.com

154쪽 ⓒ AndreyUG / Shutterstock.com

160쪽 ⓒ anek.soowannaphoom / Shutterstock.com

164쪽 ⓒ VersaStock / Shutterstock.com

168쪽 ⓒ wavebreakmedia / Shutterstock.com

174쪽 ⓒ M-Production / Shutterstock.com

178쪽 ⓒ Africa Studio / Shutterstock.com

189쪽 ⓒ Skylar Renee / Shutterstock.com

194쪽 ⓒ Veja / Shutterstock.com

197쪽 ⓒ MillaF / Shutterstock.com

202쪽 ⓒ ESB Professional / Shutterstock.com

207쪽 ⓒ LightField Studios / Shutterstock.com

214쪽 ⓒ Adoonwit Meeree / Shutterstock.com

218쪽 ⓒ nito / Shutterstock.com

226쪽 ⓒ Sven Hansche / Shutterstock.com

232쪽 ⓒ BrAt82 / Shutterstock.com

238쪽 ⓒ metamorworks / Shutterstock.com

243쪽 ⓒ Pixel-Shot / Shutterstock.com

247쪽 ⓒ Anton Watman / Shutterstock.com

250쪽 ⓒ Prazis Images / Shutterstock.com

258쪽 ⓒ GO DESIGN / Shutterstock.com

263쪽 ⓒ fizkes / Shutterstock.com

268쪽 ⓒ AVAVA / Shutterstock.com

276쪽 ⓒ Vladimir Sukhachev / Shutterstock.com

280쪽 ⓒ tomertu / Shutterstock.com

283쪽 ⓒ Khakimullin Aleksandr / Shutterstock.com

EBS 뉴스G
학교의 내일을 묻다

1판 1쇄 발행 2021년 8월 30일

지은이 EBS 뉴스G 제작팀

펴낸이 김명중
콘텐츠기획센터장 류재호 | 북&렉처프로젝트팀장 유규오
북팀 박혜숙, 여운성, 장효순, 최재진 | 북매니저 전상희 | 마케팅 김효정, 최은영
구성·책임편집 임수현 | 디자인 co*kkiri | 인쇄 재능인쇄

펴낸곳 한국교육방송공사(EBS)
출판신고 2001년 1월 8일 제2017-000193호
주소 경기도 고양시 일산동구 한류월드로 281
대표전화 1588-1580 홈페이지 www.ebs.co.kr
전자우편 ebs_books@ebs.co.kr

ISBN 978-89-547-5950-2 04370
      978-89-547-5949-6 (세트)